TRAITÉ PRATIQUE

DES

DOUANES

PAR M. A. DELANDRE

Directeur des Douanes.

QUATRIÈME SUPPLÉMENT.

ANNÉE 1861.

Dispositions générales.

451—3. *Tarif.* 2e §, note 1. Le tarif applicable aux grains, farines et autres denrées alimentaires ne peut être modifié que par une loi. (*Loi du 15 juin 1861, art. 4; Circ. du 19, n° 768.*)

452—18. 3e §. Le bénéfice des taxes modérées ou différentielles, au sujet de marchandises importées des pays de production, n'est accordé qu'autant que les intéressés ont justifié, et du transport direct, par un rapport de mer et par les papiers de bord, *V.* n°s 20 et 21 T, et de l'origine, au moyen de certificats réguliers, *V.* n° 19.

Mais à l'égard des cornes brutes de bétail, s'il est nécessaire d'exiger la justification d'origine pour les importations effectuées des pays de production en Europe, qui sont des *entrepôts,* il n'en est pas de même lorsque les pays de production sont hors d'Europe. Dans ce dernier cas, il convient de ne faire établir que le transport direct. (*Déc. min. du 4 novembre 1861 ; Circ. lith. du 16.*)

Sont exemptées aussi de la formalité du certificat d'origine, les graines de lin pour semences, en fûts enrobés. (*Déc. du 19 décembre 1861.*)

S'il n'est question que de provenances, *V.* n° 18, 1ᵉʳ §, on justifie de l'importation en droiture, *V.* n° 20, par un rapport de mer et par les papiers de bord, *V.* n° 21.

Pour les produits du crû des pays d'Europe, *V.* n° 454 S ; pour les pays limitrophes, *V.* dernier § du n° 18 T.

455. 6ᵉ § du n° 18. Hambourg est considéré comme pays de production pour les produits originaires de la confédération germanique. (*Circ. lith. du 13 juin 1861.*)

454. Dans le décret du 5 janvier 1861, les mots : *du crû des pays d'Europe* relatifs à certaines marchandises, indiquent que le transport doit en être direct, de sorte que, pour l'importation par mer, on doit exiger, outre un certificat d'origine, la justification du transport en droiture.

Quant à l'importation par terre, le transport de ces marchandises est considéré comme direct lorsqu'elles viennent, même en traversant divers États, du pays d'origine, sans quitter la voie de terre ; et l'on peut même alors s'abstenir de réclamer un certificat d'origine. Seraient dans ce cas, par exemple, les graines oléagineuses de Russie qui arriveraient directement à travers l'Allemagne. Mais il en serait autrement si ces graines avaient été débarquées à Anvers, etc. Toutes les fois que des appréhensions de manœuvres frauduleuses peuvent se produire, et elles sont de nature à se justifier surtout dans les bureaux de douane peu éloignés des ports de mer étrangers, le service doit demander des certificats d'origine délivrés, à défaut de consuls français, par la douane étrangère du pays de production. (*Circ. du 7 mars 1861, n° 740.*) En toute hypothèse, et pour lever toute incertitude s'il y avait lieu, on aurait recours à l'expertise légale. *V.* n° 50 T. (*Circ. du 6 janvier 1861, n° 720.*)

Ces dispositions s'étendent aux laines et à la potasse placées dans les mêmes conditions que les produits repris au décret du 5 janvier 1861. (*Circ. lith. du 20 mars 1861.*)

Les moyens de justification d'origine, en vertu du traité conclu avec l'Angleterre, *V.* n°ˢ 429, 553 et 554 S, sont valables dans les cas où, bien que le bénéfice de cette convention ne soit pas applicable, l'intéressé ne doit pas moins produire un certificat d'origine pour les autres importations du Royaume-Uni, par exemple, à l'égard de marchandises du crû d'Europe. (*Circ. lith. du 3 juillet 1861.*)

455. 7e § du n° 18. Les graines et les fruits oléagineux, du crû des pays européens du Levant et qui en sont importés par navires étrangers, rentrent sous le régime des provenances d'Europe. (*Déc. min. du 16 octobre 1861 ; Circ. du 30, n° 804.*)

328 S. *Rayer le* 2e §.

456—27. P. 51, 2e §, 3e ligne. *Au lieu de 1862 mettre 1863. (Loi de fin. du 28 juin 1861, art. 6 ; Circ. n° 818.*)

457—45. P. 76. *Rayer à partir du 6e § jusqu'au 5e § de la page 77.*

La taxe de plombage est perçue dans tous les cas où le plombage ne doit pas être gratuit ; et il est fait recette définitive, au compte du Trésor, soit de cette taxe, soit du produit de la vente des vieux plombs.

Sous le titre d'indemnité représentative de la taxe de plombage et d'estampillage, il est alloué une indemnité de résidence, même lorsqu'ils sont en congé avec demi-solde, aux agents placés dans les localités où un supplément de ressources est indispensable. Elle n'est soumise à aucune retenue pour les retraites.

Les bureaux qui jouissent de cette indemnité sont déterminés par l'administration.

Les directeurs lui rendent compte, au moyen d'un état produit avant le 1er février et conforme au modèle annexé à la Circ. man. du 24 janvier 1862, de l'emploi annuel de la somme totale accordée. (*Circ. man. du 24 janvier 1862.*)

Les receveurs principaux établissent mensuellement l'état de répartition du montant de cette indemnité pour les employés de leur principalité. Après avoir été vérifié et visé par l'inspecteur, cet état est visé par le directeur qui, au préalable, s'assure que les énonciations en sont conformes à la décision administrative.

Quant aux dépenses variables, comprenant les frais de transport, les achats de flans, de ficelle, d'instruments et des divers objets propres à l'estampillage, elles sont liquidées par l'administration à qui les pièces justificatives doivent être transmises accompagnées d'un état récapitulatif (série E, n° 82 D *bis*) et des relevés (série E, n°s 100 *ter* et 100 *quater*). L'arrêté de liquidation est remis ensuite directement à la comptabilité générale, avec les quittances à l'appui.

Ces dépenses sont indiquées avec détail, et pour mémoire, en tête des états et inscrites distinctement sur une ligne de la chemise série C, n° 41.

Les comptables portent sur une seconde ligne les parts attribuées aux ayants-droit, en séparant les sommes payées de celles qui n'ont pu être acquittées à défaut d'émargement ou de quittance.

Les frais d'achat des fournitures de toute espèce, ainsi que ceux de transport, sont repris au chapitre 1er, article 6, des dépenses publiques, sans figurer aux opérations de trésorerie.

Afin d'exercer un contrôle sur l'emploi des flans, mis à la disposition du service, il est ouvert, dans chaque principalité, un carnet sur lequel est pris *en charge*, au fur et à mesure des livraisons, *le nombre* de flans entrés en magasin. A l'expiration du mois on inscrit *en décharge*, les quantités de plombs apposés soit gratuitement, soit aux frais du commerce, d'après les registres série E, no 64. Les entrées, les sorties et le reste à la fin de chaque mois sont, en outre, indiqués successivement en tête des états de répartition série E, no 82 D.

Un relevé, série C, no 111, récapitulatif du nombre des flans entrés en magasin ou employés pendant l'année, doit parvenir à la comptabilité générale, du 15 au 20 février, avec les comptes no 88. Pour en faciliter le contrôle les receveurs principaux doivent toujours comprendre, dans leurs bordereaux de décembre, les dépenses du plombage qu'ils sont autorisés à acquitter dans les derniers jours de ce mois. (*Circ. de la compt. gén. du 6 décembre* 1861, no 81.)

P. 78, 2e §. *Rayer* : Pour les agents inférieurs au sous-inspecteur, la part maximum est fixée à 2,000 fr. par an. (*Circ. man. du 24 janvier* 1862.)

3e §, 3e ligne. *Rayer* : et aux visiteurs.

458—55. Les décisions ministérielles en matière de remboursement de droits ne sont pas de nature à être déférées au Conseil d'État; toute contestation à ce sujet doit être portée devant l'autorité judiciaire. (*Décret du 10 décembre* 1857 *; Doc. lith. de* 1861*;* no 214.)

459—63. P. 117, 5e §. *Personnel.* Lorsque le montant des centimes est de 50 et au-dessus, on augmente d'un franc l'indication de l'état, no 100 ; dans le cas contraire, on les néglige. (*Circ. lith. du 6 avril* 1861.)

460—69. 1er §, 4e ligne. Rayer : visiteurs. (*Circ. man. du 24 janvier* 1862.)

461—87. Art. 22, 4e §, 6e ligne. *Au lieu* des procès-verbaux, *mettre* du procès-verbal. *A la* 7e *ligne, rayer* : bureau des masses. (*Circ. man. du 14 mai* 1861.)

462—91. P. 189, 5e §. *Ajouter :* et aussi, en cas de maladie dûment constatée par un médecin assermenté, à la femme et aux enfants de l'employé, comme à ses ascendants et autres parents vivant avec lui et à sa charge. (*Arrêté min. du 20 janvier 1862, transmis le 24.*)

463—94. Lorsque, par suite d'un changement dans la position de famille ou par tout autre motif survenu dans l'intervalle entre la production des états série E, n° 82, et des feuilles individuelles, n° 84 A, l'employé désigné comme étant disposé ou non à accepter partout de l'avancement sur le continent, juge devoir revenir sur les intentions par lui exprimées à ce sujet à ses chefs immédiats ou y apporter des réserves, il doit le faire immédiatement connaître au Directeur qui en informe l'administration afin que note en soit prise.

Tout agent qui, signalé comme s'étant mis sans réserve à la disposition de l'administration, a reçu de l'avancement, est tenu de joindre son nouveau poste, sous peine d'être considéré comme démissionnaire. (*Circ. man. du 8 février 1862.*)

464—185 S. Appelés en témoignage devant un tribunal étranger, les préposés peuvent envoyer officieusement, par l'intermédiaire de leurs chefs, des renseignements utiles à la vindicte publique; mais leur déposition judiciaire, sous serment, ne serait valablement requise que par la voie diplomatique. (*Déc. du 26 septembre 1861.*)

465—106 T. P. 215. Si un agent est resté en activité après le 1er janvier 1854, alors même qu'à cette époque il aurait pu être retraité en vertu de l'ordonnance de 1825, la pension de la veuve est toujours du tiers de celle acquise au mari, conformément à la loi de 1853; il n'y a pas de condition d'âge pour cette veuve, et on ne doit produire, dès lors, ni acte de naissance, ni certificat de vie du plus jeune orphelin. Mais ces justifications sont nécessaires pour faire obtenir le tiers, au lieu du quart, dans le cas où la reversion devrait, au contraire, s'opérer suivant le règlement de 1825, et si, d'ailleurs, la veuve n'avait pas 50 ans. (*Déc. du 18 mars 1861.*) V. n° 186 S.

466—113. La liquidation des traitements de non-activité s'opère par trimestre comme les retraites, c'est-à-dire par quart net de l'allocation annuelle. (*Lettre de la compt. gén. du 31 juillet 1861.*)

467—194 S. *Ajouter :* dans l'année précédente, avec les cartes individuelles qui ont été renouvelées et un état indiquant les employés qui ont fait usage de permis spéciaux pour missions de service. V. n° 480 S. (*Déc. des 14 novembre 1859 et 14 janvier 1862.*)

468—154 T. Lorsqu'ils sont convoqués à une cérémonie publique, les agents de brigades prennent rang après les différentes troupes de l'armée de terre et de mer, outre la garde nationale. Il est à remarquer que comme corps d'élite, la gendarmerie marche avant la troupe de ligne. (*Déc. des 26 septembre et 8 octobre* 1861.)

469—155. P. 259, 6e §, 3e ligne. *Aux mots* les 365 jours écoulés, *substituer ceux-ci* : l'année courante. *Et ajouter en renvoi* : Un congé de 15 jours peut être accordé, comme témoignage de satisfaction, lorsque la dernière absence remonte à l'année précédente. *(Circ. man. du* 17 *août* 1861.)

P. 261, dernier §. Quand le retour au poste, par suite d'une absence de trois mois ou plus pour cause de maladie, remonte à l'année précédente, un nouveau congé de trois mois, pour maladie, peut être accordé sans retenue d'appointements ; mais si, dans ce cas, l'agent n'était rentré que pour exercer ses fonctions pendant quelques jours, le bénéfice de cette mesure ne saurait être appliqué qu'autant que les chefs locaux reconnaîtraient qu'il était complétement rétabli au moment de son retour. (*Déc. des* 3 *et* 9 *décembre* 1859 *et* 19 *août* 1861.)

Rayer les 2 *derniers* § § *du* n° 198 S.

470—172. Les garanties que, conformément à l'art. 49 de l'ordonnance du 31 mai 1838, les entrepreneurs doivent fournir pour répondre de l'exécution de leurs engagements, consistent dans le dépôt d'un cautionnement à la Caisse des consignations, et dans la retenue, opérée par le service des douanes, d'un dixième du prix des travaux exécutés, lequel dixième n'est payé qu'un an après la réception définitive.

L'administration établit la liquidation du prix total, les directeurs en mandatent le montant et les receveurs le portent en dépense, sauf à reprendre en recette la retenue stipulée à titre de garantie. Un extrait du livre journal est annexé à la liquidation pour justifier de cette dernière opération et les receveurs remettent aux intéressés une déclaration constatant le chiffre et les motifs de la retenue.

S'il n'y a pas lieu de l'attribuer au Trésor à l'expiration du délai fixé, *V.* n° 299 pour le dépôt à la Caisse des consignations, au moins un an après que les intéressés ont été invités à la toucher. *(Circ. de la compt. gén. du* 1er *octobre* 1861, n° 80.)

471—181. 4e §. *Déclaration. Ajouter :* et A. de C. du 10 *avril* 1861 ; Circ. du 12 août 1861, n° 782.

472—191. *Rayer.* Sauf pour les machines et mécaniques anglaises ou belges, *V.* n° 432 S, s'il y a contestation au sujet des machines et mécaniques (d'une autre origine) on a recours à l'expertise légale et, dans ce cas, les intéressés sont tenus de produire des notices et des plans complets et détaillés des appareils. Les objets ne sont pas envoyés aux commissaires-experts qui statuent à vue de ces plans. (*Circ. du 29 juillet* 1861, n° 779.)

473—219. 11° ligne. *Ajouter :* les fils de lin, à coudre. (*Circ. lith. du 22 janvier* 1862.)

474—231. 1ᵉʳ §. Le receveur fait dépense aux avances à régulariser : 1° de la valeur déclarée et de la somme payée au déclarant en sus de cette valeur ; 2° du montant des droits d'entrée ; 3° des frais du procès-verbal ; 4° des menus frais que peuvent occasionner ultérieurement le conditionnement et la vente des marchandises. Les droits d'entrée sont repris en recette immédiatement. (*Circ. de la compt. gén. du* 1ᵉʳ *octobre* 1861, n° 80.

475—248. 2° §, 1ʳᵉ ligne. *Ajouter :* en principal. (*Circ. du* 26 *janvier* 1861, n° 727.)

476—258. 1ᵉʳ §. Les outres remplies d'huile d'olive, se trouvant impropres à tout autre usage, sont admissibles sans aucun droit spécial. (*Déc. du* 9 *mars* 1861.)

Il en est de même des pots en terre grossière renfermant des confitures. Quant aux pots de faïence commune, contenant des confitures, ils seraient passibles de la taxe du tarif général ; mais on peut les traiter comme la porcelaine en cours de service et les assujettir au droit de 15 % de la valeur. (*Déc. du* 26 *juin* 1861.)

477—263. *Statistique.* 1ᵉʳ §, *à la date indiquée substituer celle-ci :* 21 octobre 1861. (*Circ. lith.*)

On énonce distinctement les sommes perçues à titre de décimes. (*Circ. lith. du* 31 *août* 1861.)

A l'égard des surtaxes exigées à raison du tonneau d'affrétement (*V.* n° 525 S), on indique, par des renvois au bas de chaque page, soit des états mensuels série E, n° 38 A et 38 B, soit des états annuels, nᵒˢ 44 et 45, le nombre de tonneau passible de surtaxe et le montant de la perception, le double décime étant porté séparément. (*Circ. lith. du* 12 *octobre* 1861.)

Malgré la suppression ou la réduction des droits, il importe de veiller à ce que les déclarations à l'exportation ne présentent pas d'exagération de valeur. Les chefs du service doivent s'attacher à faire, au besoin, ramener au vrai les indications produites. (*Circ. lith. du* 18 *janvier* 1862.)

478—300. P. 405, dernier §. L'état des droits perçus sur les marchandises diverses doit parvenir à la comptabilité générale avant le 7 de chaque mois. (*Circ. de la compt. du 22 janvier* 1861, n° 79.)

Importations.

479—557. *Transports internationaux par chemins de fer.* Pour le plombage, on se sert d'une corde renforcée d'un fil métallique. Il faut l'apposer de manière à être à l'abri des frottements et à n'être pas trop tendue pour supporter l'effort résultant du mouvement que la marche du convoi communique aux portières des waggons.

Au sujet des voitures à bâches, les compagnies doivent mettre à la disposition du service des garcettes qui sont engagées alternativement dans les anneaux de la bâche et dans ceux du waggon. Si la hauteur variable du chargement ne permet pas cet arrangement, la garcette est alors croisée par-dessus pour le maintenir, et fixe la bâche qui doit l'envelopper entièrement. Dans les deux cas, les extrémités de la garcette sont réunies par la ficelle du plomb.

Les sous-inspecteurs doivent s'assurer personnellement que le plombage est effectué dans des conditions convenables, poursuivre, près des représentants des compagnies, les réformes ou les améliorations de matériel qu'ils jugeraient nécessaires et, au besoin, refuser l'expédition des waggons qui ne leur paraîtraient pas offrir les garanties désirables. (*Circ. man. du* 31 *décembre* 1861.)

480—550, note. *Ajouter :* et circ. man. du 31 décembre 1861.

Des brigades spéciales pour la surveillance du transit international sont installées sur certains points du parcours des chemins de fer.

Aussi, les brigades des ports ou de la frontière ont-elles rarement à escorter les convois ; ce soin incombe aux agents des postes voisins, retournant à leur résidence.

Lorsque le sous-inspecteur du bureau de départ a prescrit l'escorte, les agents qui en sont chargés doivent suivre de près les mouvements qui s'opèrent dans les gares de passage et profiter de tous les temps d'arrêt pour s'assurer que le plombage des waggons est intact. Si, par suite d'un accident, ce plombage est rompu, ils ont à empêcher tout détournement et à signer le procès-verbal du commissaire de surveillance administrative. *V.* n° 563. Leur action à cet égard est contrôlée, de temps en temps, d'une manière secrète, par leurs chefs, au moyen des cartes en blanc mises, dans ce but, à la disposition des directeurs. *V.* n° 121.

Il n'est pas indispensable que des waggons expédiés avec escorte soient, dans tous les cas, accompagnés jusqu'à destination. Si les préposés, arrivés au prochain relai, n'y trouvent pas d'agents prêts à les relever, l'administration admet que le convoi ne soit pas escorté plus loin, lorsque, d'ailleurs, le plombage est intact et qu'aucune circonstance particulière ne réclame une surveillance continue.

Sur la plupart des points, des indemnités spéciales, par imputation sur les crédits du matériel, ne seront plus nécessaires. Au besoin, les directeurs soumettraient des propositions à l'administration pour déterminer celles qui deviendraient indispensables, et ils indiqueraient la durée du service. (*Circ. man. du 31 décembre* 1861.)

481—563. Dernier §. *Ajouter :* et circ. du min. des travaux publics, transmise par circ. man. du 4 février 1861.

Pour le remplacement des plombs de douane, il suffit que le commissaire de surveillance réunisse, sous l'empreinte de son cachet, les extrémités de la ficelle qui fixe les portières du waggon et reproduise cette empreinte sur son procès-verbal. (*Mêmes circ.*)

En cas de rupture de plombage en cours de transport, le chef de la visite au bureau d'arrivée doit en rechercher les causes probables et, à cet effet, interroger les préposés si le convoi était escorté et examiner dans quelles conditions le plombage, quand il reste des traces, avait été apposé. Le résultat de ces investigations est porté par le directeur à la connaissance de son collègue chargé des suites à donner à l'infraction. (*Circ. man. du 31 décembre* 1861.)

Quand le plombage est intact et le poids conforme, si le bureau de sortie reconnaît un excédant de marchandises, l'acquit-à-caution est régularisé sans réserves. Cet excédant doit faire l'objet d'un procès-verbal de saisie ou d'une soumission de s'en rapporter à la décision de l'administration. (*Déc. du* 10 *juin* 1861.)

En cas de rupture de plombage, s'il s'agit de la réexportation de produits obtenus de matières premières reçues sous le régime des admissions temporaires, le service se refuse à toute régularisation, d'où résulte l'application de l'art. 5 de la loi du 5 juillet 1836 (*V.* n⁰ 851) contre le soumissionnaire de l'acquit-à-caution.

Quant au déclarant qui, à la sortie, a essayé de consommer, en franchise, l'exportation de produits réputés autres que ceux qui auraient été admissibles à cette faveur, on pourrait requérir contre lui, par procès-verbal spécial, en vertu de l'art. 21, titre 2, de la loi du 22 août 1791, *V.* n⁰ˢ 924 à 927. Mais comme généralement la rupture des plombs tient à un accident de route ou au mauvais état du matériel, et qu'aucune manœuvre frauduleuse n'en est la cause, l'administration s'abstient de poursuivre pour ce dernier chef, et elle se borne à imposer au soumissionnaire de l'acquit-à-caution, pour le défaut de rapport d'un acte de décharge, une réparation réglée suivant l'importance des conséquences de l'infraction. (*Déc. du 13 avril 1861.*) *V.* n° 862.

Lorsque des réserves ont été insérées dans le certificat de décharge d'un acquit-à-caution de transit international, le directeur de la division où se trouve le bureau de sortie ou de destination, doit, en renvoyant cette expédition à son collègue du bureau de départ, lui transmettre tous les renseignements nécessaires. Mis ainsi à même d'apprécier les circonstances de l'infraction, si celui-ci reconnaît que, d'après la jurisprudence administrative, il ne lui appartient pas de statuer, il en rend compte soit au contentieux, en proposant d'exiger une amende, soit au service général, premier bureau, en provoquant l'annulation pure et simple de la soumission. (*Circ. man. du 27 février 1861, et Déc. du 26 mars 1861.*)

69 S, 5ᵉ §. Les infractions en matière de transit international sont signalées à l'administration par le directeur de la division où se trouvent les bureaux de destination ou de sortie, au moyen d'un état trimestriel joint au rapport général de service et offrant les indications suivantes : Douane d'expédition, bureau de destination, dates et n°ˢ des soumissions et acquits-à-caution, date de la constatation de la contravention, compagnie responsable, nature et objet de l'infraction, suites données à l'affaire, avis sur l'importance de la contravention (*Circ. man. du 27 février 1861*); et résultat des investigations du service, au bureau de destination, relativement à la rupture du plombage. (*Circ. man. du 31 décembre 1861.*)

482—576. *Ajouter :* Pontarlier, station du chemin de fer. (*Circ.* n° 755.)

483—580. *Ajouter :* Pontarlier, station du chemin de fer. (*Circ.* n° 755.) Granville, (*Circ.* n° 757.)

Rayer le n° 587.

484—616. Dernier §, en note. Au sujet de la contrebande à cheval, il est à remarquer que si les fraudeurs n'ont pas obéi à la sommation de s'arrêter, qui leur est toujours adressée par les préposés, il ne reste à ceux-ci, afin de les y obliger, d'autre moyen que de faire usage, contre les montures, des armes que la loi leur a remises pour empêcher la contrebande et pour leur propre sûreté, *V.* n° 117; autrement, les entreprises de fraude à cheval seraient à peu près assurées du succès et prendraient un développement regrettable. Des recommandations particulières sont, d'ailleurs, adressées aux préposés, pour qu'ils ne se servent de leurs armes, contre les chevaux montés, que dans des conditions déterminées et avec toutes les précautions propres à prévenir des accidents à l'égard des personnes. (*Déc. du 22 mai 1861.*)

485—622. Le ministère public ne peut, en aucun cas, ordonner la mise en liberté provisoire et sans caution des contrebandiers dont l'arrestation est constatée par un procès-verbal régulier. (*Lettre du Garde des Sceaux du 11 novembre 1858 ; Doc. lith. de 1861, n° 218.*)

Entrepôts.

486—649. 2ᵉ §. *Ajouter :* Nice. (*Circ.* n° 689.)

487—680. Les rhums et tafias, en entrepôt, peuvent être, non pas dénaturés par des mélanges quelconques, mais rectifiés par la simple addition d'eau distillée, afin d'être ramenés au degré nécessaire pour être potables. (*Déc. min. du 24 mai 1861 ; Circ. lith. du 6 juin suivant.*)

488—724. 1ᵉʳ §, 4ᵉ ligne. *Ajouter :* Nice. (*Circ.* n° 689.)

489—763. *Rayer à la 3ᵉ ligne :* Avignon (*Circ.* n° 754), Nîmes (*Circ.* n° 811), Besançon (*Circ.* n° 812). *Ajouter à la 5ᵉ ligne :* Chambéry (*Circ. du 22 janvier 1862, n° 822.*)

Rayer le 1ᵉʳ § du n° 373 S.

Transit.

490—374 S. 1ʳᵉ ligne, *Mettre :* A partir du 15 juillet.

2ᵉ ligne. *Après* Vincennes, *mettre :* généralement ouvert en Août.

3ᵉ ligne. *A 1 kil., substituer :* 3 kil.

5ᵉ ligne. *A mais, ajouter :* à dater du jour de la fermeture du tir. (*Circ. man. du 17 juillet 1861.*)

491—848 T. 2ᵉ §. *Ajouter :* Pontarlier, station du chemin de fer *. (*Circ.* n° 755.)

Admissions temporaires.

492—854. 1ʳᵉ ligne. *Au lieu de 1855, mettre 1854.* Les marchandises dont l'importation, pour l'admission temporaire, doit s'effectuer sous pavillon français ou sous le pavillon du pays de production (*V.* n°ˢ 868,

871, 872, 875, 876, 877, 878, 881, 882), peuvent, quelle qu'en soit l'origine, être importées de tout pays par navires français, de sorte que si le pavillon du pays étranger où s'est opéré le dernier chargement, est assimilé au pavillon français, l'importation peut aussi être faite par navires de ce pays. Ainsi, des potasses de Russie (*V.* n° 876), directement apportées de Hollande par navire Néerlandais (*V.* n° 1859), sont reçues au bénéfice de l'admission temporaire. (*Même déc. du 14 janvier 1854.*)

493—859. 1ᵉʳ §. Toutes les fois que le commerce en fait la demande, les acquits-à-caution dont il a été fait usage pour la réexportation partielle de marchandises sont mis à sa disposition, sans qu'on ait besoin de recourir à l'autorisation de l'administration, pour s'en servir dans tels autres bureaux qui seraient plus en rapport avec les besoins ou les convenances des intéressés. Les acquits-à-caution doivent alors être préalablement revêtus par les vérificateurs de certificats, indiquant les quantités de produits dont la réexportation partielle a été constatée par eux dans le bureau où ces expéditions étaient déposées; et ces certificats de réexportation partielle doivent être suivis du visa du sous-inspecteur ou (à défaut de sous-inspecteur), du chef local chargé de surveiller et de contrôler les opérations de la visite. Le dernier bureau de sortie où les opérations finales de réexportation ont été ainsi constatées fait le renvoi de l'acquit-à-caution au bureau où il a été délivré.

Il est entendu qu'il n'est ici dérogé en rien aux conditions et restrictions spéciales et exceptionnelles auxquelles est particulièrement subordonnée la réexportation de certaines marchandises admises au régime de l'importation temporaire. (*Circ. du 13 mars 1861, n° 744.*)

Ajouter aux 2 §§ *du* n° 234 S. : et Doc. lith. de 1861, n° 221.

494—865 T. 1ʳᵉ ligne. *Ajouter :* et les tissus de bourre de soie, en pièces. (*Déc. min. du 4 janvier 1862 ; Circ. du 11,* n° 820.)

495—874. 1ʳᵉ ligne, *Au lieu de* grossiers, *mettre :* de toutes espèces et qualités. (*Décret du 7 novembre 1861 ; Circ. du 15,* n° 806.)

496—880. 1ʳᵉ ligne. *Ajouter :* Des vinaigres et autres liquides dérivés du vin. (*Circ. lith. du 30 novembre 1861.*) *Ajouter à la* 2ᵉ *ligne :* d'origine française. (*Circ. du 28 août 1861,* n° 785.)

497—882. 1ᵉʳ §. *Ajouter :* soit laminés ou convertis en tuyaux, grenailles et balles. (*Décret du 5 août 1861 ; Circ. du 16,* n° 783.)

498—886. 1ᵉʳ §. Sont admis au bénéfice des dispositions rappelées à ce numéro, les débris de vieux ouvrages en fonte, fer ou tôle, de toutes provenances. (*Déc. du 22 avril 1861.*)

499—887. *Rayer la dernière ligne.*

Les maîtres de forges, constructeurs ou fabricants qui ont obtenu l'autorisation ministérielle d'importer temporairement des métaux, peuvent, au moyen d'une procuration spéciale en due forme, *V.* n° 290, déposée en douane, autoriser un tiers à faire en leur nom et pour leur compte les déclarations d'importation et à signer les soumissions nécessaires. *V.* n° 381 S. (*Circ. du 14 janvier 1858, n° 527, et Déc. du 13 août 1861.*)

Mais il n'y a pas de motif pour exiger que les personnes chargées de représenter les métaux au bureau de sortie, pour la régularisation des acquits-à-caution d'admission temporaire, produisent une procuration des intéressés. (*Déc. du 13 août 1861.*)

500—887 *bis.* Les cuivres laminés, purs ou alliés, *destinés au doublage des navires étrangers,* sont admissibles au bénéfice de l'importation temporaire sous les conditions générales du décret du 17 octobre 1857. *V.* n° 887.

On exige, en outre, le dépôt préalable d'échantillons qui permettent de constater, soit en cours de main-d'œuvre, soit lors de la réexportation, l'identité ou du moins la parité complète du métal quant à sa nature et à l'épaisseur des feuilles. Le cas échéant, ces échantillons sont transmis, par le service, à la douane d'application, avec l'indication des numéros et des dates des acquits-à-caution auxquels ils se rapportent, afin de faciliter la vérification du métal employé. (*Déc. min. du 24 juillet 1861 ; Circ. lith. du 30.*)

501—907 *bis.* Tissus en pièces, soit de coton, écrus (*Décret du 13 janvier 1861 ; Circ. du 20, n° 737*), soit de laine, pure ou mélangée de coton, de soie ou de poil. (*Décret du 25 août 1861 ; Circ. du 5 septembre suivant, n° 792*), destinés à être imprimés.

L'importation doit avoir lieu par les ports d'entrepôt réel ou par les bureaux ouverts au transit. (*Décret du 13 février 1861, art. 1er et 3.*)(1)

La réexportation par les douanes précitées ou la réintégration en entrepôt doit s'effectuer dans un délai qui ne peut excéder six mois. (*Même décret, art. 3 et 4.*)

---

(1) Le bénéfice de cette admission n'est pas exclusivement réservé aux imprimeurs sur étoffes ; il profite au commerce en général. (*Circ. du 5 avril 1861, n° 746.*)

Le service appose une estampille à chaque bout de pièce (1) et délivre un acquit-à-caution énonçant le nombre de pièces, ainsi que le poids net et la mesure de chacune d'elles et portant engagement, sous les peines légales, de réexporter ou réintégrer en entrepôt les *mêmes* tissus, après impression. (*Même décret, art. 2 et 3.*)

Toutes les fois, d'ailleurs, que le commerce en exprime le vœu, le service peut augmenter le nombre des estampilles sur les pièces de tissus, de manière à ce que, en laissant subsister ce signe de reconnaissance, le fabricant puisse, si cela lui convient, subdiviser ces pièces après l'impression.

Pour faciliter les assortiments, on permet, exceptionnellement dans la mesure du possible, le fractionnement, soit par douzaines, soit même par échantillons isolés, des pièces de tissus formant des cravates, des châles ou des mouchoirs, après, bien entendu, que l'estampillage en a été reconnu intact ; mais les opérations de cette nature ne peuvent être pratiquées que dans un entrepôt réel, et jamais dans les magasins particuliers du commerce.

En cas de réexportations partielles et dans les localités pourvues d'un entrepôt réel, l'acquit-à-caution levé à l'entrée peut être déposé à la douane dudit entrepôt, laquelle délivre, pour chaque envoi particulier, un passavant descriptif et détaillé qui, après avoir été revêtu des certificats voulus de sortie, doit être rapporté à la même douane pour y servir à la décharge dudit acquit-à-caution dans la proportion des quantités de tissus dont la réexportation a été aussi constatée. Ces réexportations partielles, au même titre que les réexportations intégrales, ne peuvent avoir lieu que par les bureaux spécialement désignés à cet effet dans le décret du 13 février 1861. (*Circ. du 5 avril 1861, n° 746.*)

Dès que les tissus ont été représentés au service après impression et que l'identité en a été reconnue, rien ne s'oppose à ce que les estampilles soient détruites par l'intéressé.

Si la réexportation s'effectuait d'ailleurs en *colis pressés*, on appliquerait les dispositions de l'art. 5 de la loi du 9 février 1832. V. n° 841. (*Déc. du 2 août 1861.*)

Toute soustraction, toute substitution, tout manquant constatés, donneront ouverture à l'application des pénalités indiquées au n° 851 T. (*Décret du 13 février 1861, art. 5.*)

---

(1) Les frais d'estampille, à la charge des déclarants, sont fixés à un centime par marque. (*Circ. n° 737.*)

Cabotage.

502—966. 2° §, 1re ligne. *Aux quatre premiers mots substituer ceux-ci :* En soumettant au plombage des échantillons propres à faire reconnaître l'identité de toute la partie, le service peut s'abstenir d'exiger le plombage général relativement.

Navigation.

503—1035. Dernier §. *Ajouter :* et Circ. du 29 mai 1861, n° 763.

504—1082. P. 91. *Après le 11e §, mettre :* Navires étrangers venus pour charger des vins, des eaux-de-vie, du cidre ou de l'essence de térébenthine d'origine française (10 *ter*).... exempts. *V.* n° 506 S. (*Déc. min. du 17 août 1861.; Circ. du 28, n° 785.*)

P. 94. *Ajouter aux indications relatives aux traités :* Décret du 26 mai 1861 ; Circ. n° 764.

P. 96. *Rayer ce qui a trait aux Deux-Siciles et à la Toscane.*

505—(10 *bis.***)** L'immunité peut être accordée lorsque le capitaine étranger, qui avait tout d'abord déclaré aller à l'étranger, a, au moment de partir, changé sa destination et s'est rendu directement dans un port français pour y charger du sel d'origine nationale, si, toutefois, certaines circonstances, telles qu'un court trajet, etc., démontrent que le navire n'a pas touché à l'étranger. (*Déc. du 18 octobre 1861.*)

506—(10 *ter.***)** Les navires étrangers venus en France pour y charger des vins, des vinaigres ou autres liquides dérivés du vin, des eaux-de-vie, du cidre ou de l'essence de térébenthine d'origine française, qu'ils emploient à cet usage soit des futailles vides apportées par eux, *V.* n° 880, soit des récipients de même nature, de fabrication française, achetés sur place, sont affranchis du paiement des droits de tonnage toutes les fois qu'ils ne pratiquent aucune opération de commerce autre que l'embarquement de ces liquides, et que, d'ailleurs, le service des douanes a la garantie que toutes les futailles étrangères mises à terre ont été intégralement réexportées, sans qu'il y ait eu de substitution. (*Déc. min. du 17 août 1861 ; Circ. du 28, n° 785.*)

Il n'y a pas de distinction à faire entre les liquides contenus dans des bouteilles ou autres récipients et ceux qui sont exportés au moyen de futailles.

Lorsqu'un navire étranger, n'ayant pratiqué aucune opération de commerce à l'entrée, n'embarque d'autres produits que les liquides indiqués dans la décision min. du 17 août 1861, l'exemption complète des droits de tonnage lui est acquise, quelle que soit l'importance de son chargement.

Quand, au contraire, le bâtiment prend une cargaison mixte, c'est-à-dire, composée en partie de boissons et, en partie, d'autres marchandises, le droit de tonnage, s'il est exigible d'après la condition dans laquelle se trouvait le navire à son arrivée, est perçu proportionnellement à l'espace occupé par ces dernières marchandises. (*Circ. lith. du 30 novembre 1861.*)

507—(57.) 1er §. *Ajouter :* C'est-à-dire jusqu'au 31 décembre. Il suffit que le capitaine belge justifie de ce paiement par la quittance qui lui a été délivrée par la douane du port où il a, dans la même année, effectué son premier voyage, quittance qui doit être signée par le receveur et par l'inspecteur ou le sous-inspecteur sédentaire du bureau. Dans les ports où il n'existe pas de chefs de ce grade, le receveur signe la quittance conjointement avec un autre employé. (*Circ. du 31 mai 1861, no 764.*)

Dernier §. Les taxes de tonnage *autres que le droit spécial de 2 fr.* 20 se perçoivent sur le tonnage constaté d'après le mode de jaugeage usité en France.

A l'exception de ce droit spécial de 2 fr. 20, toutes les taxes de navigation, ainsi que les droits de permis et de passeport, sont passibles du décime additionnel. (*Circ du 31 mai 1861, no 764.*)

Sels.

508—1287. *Ajouter :* Chambéry. (*Circ. du 22 janvier 1862, no 822.*)

509—1291 *bis.* Les sels du midi, transportés par les canaux intérieurs ou par les chemins de fer jusqu'à Bordeaux, peuvent, bien qu'il n'y existe pas d'entrepôt général, être déclarés pour la consommation, l'exportation, la grande pêche (*Déc. min. des 15 novembre 1858 et 28 juin 1859.*), ou être réexpédiés en cabotage.

Si les sels sont vérifiés à Bordeaux, l'acquit-à-caution de cabotage relate le chiffre exact du boni reconnu. Dans le cas contraire, le nouvel acquit reproduit les indications de l'expédition primitive. Une annotation marginale fait toujours connaître que les sels ont été transbordés après ou sans vérification.

A destination, quand une partie de la cargaison est débarquée et l'autre conservée à bord, sans vérification, pour la grande pêche, ce ne serait qu'autant que l'existence et le chiffre d'un boni auraient été réellement constatés à Bordeaux, qu'il serait accordé un boni proportionnel. *V.* n° 1322.

Tous les acquits-à-caution de cabotage relatifs à des sels ainsi expédiés de Bordeaux doivent, après régularisation, être transmis à l'administration, bureau des sels, par lettre spéciale. (*Circ. man. du* 10 *janvier* 1862.)

510—1303, *en note.* A l'égard de poissons de pêche étrangère, ayant besoin de recevoir un complément de préparation pour être réexportés, le ressalage a été permis sous les conditions suivantes : le sel employé au repaquage ou à la confection d'une nouvelle saumure est préalablement assujetti à la taxe ordinaire de consommation et aux stipulations générales du tarif ; aucune marque de fabrique ou d'origine française ne doit être apposée sur les barils ; si ces poissons sont dirigés sur les colonies françaises, l'expédition de douane relate, en caractères apparents, leur provenance étrangère. (*Déc. du* 20 *juin* 1861.)

Sous aucun prétexte, on ne saurait alors accorder la franchise des taxes et ouvrir ainsi des facilités exceptionnelles pour la pêche étrangère. (*Déc. min. du* 27 *mai* 1861, *notifiée le* 6 *juin suivant.*)

511—1344. *Rayer cet article, ainsi que le* n° 114 S.

Relativement à la *salaison à bord*, les armateurs ou patrons des bateaux expédiés pour la pêche du hareng ou du maquereau, peuvent, quels que soient les parages de pêche (côtes d'Écosse, d'Yarmouth ou de France), embarquer en quantités illimitées le sel de provenance nationale nécessaire pour la préparation en mer du poisson pêché. (*Décret du* 11 *mai* 1861, *art.* 1er; *Circ. du* 20, n° 758.) Ce sel est accompagné d'un passavant. *V.* n° 1316.

512—1345. *Rayer.*

Les mêmes armateurs ou patrons ont la faculté d'employer des sels étrangers au même usage, à la condition que ces sels seront chargés exclusivement dans les entrepôts de France par les bateaux pêcheurs et soumis, avant embarquement, au paiement du droit de douane de 50 c. par 100 kil. (décimes non compris) exigible à l'égard des sels étrangers, servant à la préparation de la morue à Terre-Neuve. (*Même décret, art.* 2.)

Ils doivent être importés en France par navires français. (*Déc. du* 17 *juillet* 1861.) *V.* n° 1312.

513—1346. 2me ligne, *au lieu de* : dite pêche d'Écosse, *mettre* : ou du maquereau, avec salaison à bord. *V.* n° 511 S.

514—1361. P. 194. *Aux indications d'allocation de* 27 *et de* 155

2

kil. de sel, substituer celles-ci : 30 kil. (harengs blancs), 200 kil. (harengs saurs.) *(Décret du* 5 *décembre* 1861 ; *Circ. du* 19, n° 815.)

515—1565. 2e §. *Mettre en note :* Les bateaux régulièrement armés pour la pêche du hareng, avec salaison à bord, peuvent, dès le 1er mai, se rendre dans les parages de Lossestoff. *(Déc. min. notifiée le* 1er *mai* 1861.)

Rayer le 4e §. Les bateaux peuvent faire plusieurs voyages, dans la même année, sur les côtes d'Écosse. *(Déc. min. notifiée le* 18 *avril* 1861.)

516—1575. 1er §. L'armement peut être fait pour toute la campagne. *(Déc. min. notifiée le* 18 *avril* 1861.)

517—1581. Une réunion de bateaux régulièrement armés, peuvent, sur les lieux de pêche, faire charger sur l'un deux, les produits pêchés par tous, à charge, pour le patron de celui-ci, de déclarer, à l'arrivée, à la commission locale, *V.* n° 1383, les quantités de poissons afférentes à chaque bateau et le point de mise à bord. *(Déc. min. notifiée le* 1er *mai* 1861.)

518—1599. 1er §, 2me ligne, et P. 209, 8me ligne. *Au lieu de* 15, *mettre* 30. *(Déc. min. notifiée le* 18 *avril* 1861.)

3me §. Est supprimée, la zone de latitude dans les mers du Nord. *(Déc. min. notifiée le* 18 *avril* 1861.)

519—1445. Les membres correspondants de la société du jardin zoologique d'acclimatation du bois de Boulogne, à Paris, peuvent, dans les ports où ils résident, prendre en franchise l'eau de mer nécessaire pour l'envoi des poissons ou animaux marins destinés à l'aquarium. *(Circ. man. du* 9 *novembre* 1861.)

Régimes spéciaux.

520—1475. *Corse.* 1er §. Au sujet des marchandises frappées de taxes, où se trouvent compris les décimes, il faut retrancher du droit du tarif général 5 fr., plus les décimes, soit 6 fr., prendre la moitié du reste, ajouter 6 fr., ce qui donne le droit à percevoir. *(Déc. du* 16 *juillet* 1861.)

4e §. *Ajouter :* bouchons de liége. *(Circ.* n° 821.)

521—1477. 2e nomenclature, 1er §. *Ajouter :* bouchons de liége. *(Décret du* 15 *janvier* 1862; *Circ. du* 21, n° 821.)

522—1514. *Algérie.* 2e nomenclature. *Ajouter :* cuirs tannés ; laines cardées, peignées et filées. *(Décret du* 25 *août* 1861 ; *Circ. du* 4 *septembre* 1861, n° 793.)

525—413 S. *Savoie neutralisée. Ajouter* : Décret du 31 mars 1861 ; Circ. du 17 avril suivant, n° 749.

524—1531 T. *Colonies.* Le commerce de la Martinique, de la Guadeloupe et de la Réunion peut se faire par navires français ou par navires étrangers. (*Loi du 3 juillet 1861, art. 3 et 6; Circ.* n° 788.) *V.* n° 1538 bis, 1547 bis.

525—1538 bis. Les produits de la France peuvent être transportés à la Martinique, à la Guadeloupe et à la Réunion sous pavillons étrangers. (*Loi du 3 juillet 1861, art. 6.*)

Il en est de même des marchandises étrangères extraites des entrepôts de la métropole. *V.* n° 527 S. (*Circ. du 31 août 1861, n° 788.*)

Dans ces deux cas, il est perçu une surtaxe de 30 fr. (1) par tonneau d'affrétement sur les produits à destination ou en provenance de la Réunion ; de 20 fr. (1) sur les produits allant à la Martinique et à la Guadeloupe, ou en provenant. (*Loi du 3 juillet 1861, art. 6.*)

Au tableau des droits publié en 1861 est inséré, page 161, le tarif de la composition du tonneau d'affrétement, destiné à servir de base au calcul de cette surtaxe. (*Même loi, art.* 9 ; *Décret du 25 août* 1861 ; *Circ. du* 31, n° 788.) (2)

---

(1) A l'égard des sucres, surtaxe de 30 ou de 20 fr. est décimes compris. (*Décret du 20 octobre 1861 ; Circ. du 28, n° 803.*)

(2) Les douanes de la métropole n'ont pas à s'occuper de la surtaxe qui devra être perçue aux colonies sur les produits nationaux expédiés de France ; le soin de la liquider ne peut qu'être laissé au service dans les colonies. Mais, au sujet des produits extraits des entrepôts métropolitains pour être expédiés sous pavillon étranger à la Réunion ou aux Antilles, les douanes françaises, en même temps qu'elles liquideront, et lorsqu'il y a lieu, les droits sur les acquits-à-caution qui devront être délivrés, liquideront aussi la surtaxe. Elles s'abstiendront toutefois de toute mention de l'espèce sur les expéditions concernant des marchandises passibles de droits à la valeur, les droits devant, dans ce cas, être perçus aux colonies d'après la valeur même des produits sur les lieux de destination.

Dans tous les cas où elle doit être perçue ou liquidée, la surtaxe d'affrétement, qui a pour but d'atteindre l'espace occupé à bord des navires étrangers par les produits, doit porter sur le poids brut, c'est-à-dire sur le contenu et le contenant ; elle est exigible sur les marchandises taxées à la valeur comme sur celles qui sont frappées de droits spécifiques et, pour ce qui concerne les produits coloniaux importés en France, elle doit être perçue sur ceux qui sont passibles de droits comme sur ceux qui en sont exempts. Cette surtaxe est en outre, en l'absence de toute stipulation contraire dans la loi, passible du double décime, sauf pour les sucres ; elle doit être calculée sur les fractions de tonneau quelles qu'elles soient. En outre, elle se percevra comme le droit lui-même, tout en faisant l'objet d'un article distinct sur les certificats de liquidation et sur les quittances. Les marchandises entreposées à l'arrivée et qui seront réexportées en sont affranchies. (*Circ.* n° 788.)

Pour les produits qui ne sont pas repris dans ce tarif, il est procédé par voie d'assimilation. (*Circ.* n° 788.)

526—1541. Toutes les marchandises étrangères dont l'introduction en France est autorisée, peuvent être importées dans les colonies de la Martinique, de la Guadeloupe et de la Réunion. (*Loi du 3 juillet 1861, art. 1er.*)

527—1542. Les marchandises étrangères sont assujetties, à leur importation dans les colonies de la Martinique, de la Guadeloupe et de la Réunion, aux mêmes droits de douane que ceux qui leur sont imposés à leur importation en France. (*Loi du 3 juillet 1861, art. 2.*)

Importées de l'étranger par navires étrangers, elle sont en outre, sauf les exceptions ci-après indiquées, soumises à une surtaxe de pavillon réglée ainsi qu'il suit, par tonneau d'affrétement :

Des pays d'Europe, ainsi que des pays non européens situés sur la Méditerranée.......................	A la Réunion.......... ...	F. 30
	Aux Antilles..........	20
Des pays situés sur l'océan Atlantique, non compris la ville du Cap et son territoire......................	A la Réunion..........	20
	Aux Antilles..........	10
Des pays situés sur le grand Océan, y compris la ville du Cap et son territoire......................	A la Réunion..........	10
	Aux Antilles..........	20

(*Même loi, art. 3.*)

Mais sont affranchies de cette surtaxe les navires anglais qui importent dans ces colonies des marchandises du Royaume-Uni ou de quelque autre pays que ce soit soumis à la domination Britannique (l'Inde exceptée). *V.* n° 1855. (*Circ. du 31 août 1861, n° 788.*)

Pour la surtaxe de pavillon applicable aux marchandises étrangères extraites des entrepôts de la métropole, *V.* n° 525 S.

Les marchandises étrangères actuellement admises aux colonies continueront à être régies par les tarifs existants, *V.* n°s 1589 et 1595, dans tous les cas où les droits de douane ou les surtaxes de pavillon, établis par les dispositions qui précèdent, seraient plus élevés. (*Loi du 3 juillet 1861, art. 4.*)

La surtaxe de pavillon édictée par l'art. 3 n'est, dans aucun cas, applicable aux produits actuellement dénommés dans les tarifs coloniaux, toutes les fois que les droits sont acquittés d'après ces tarifs.

Sont maintenues les dispositions de l'art. 1er de la loi du 29 avril 1845 (*V.* n° 1589, dernier § P. 283, et 1er § P. 284.), ainsi que celles des lois du 24 juillet 1860 relatives aux riz et aux céréales. (*V.* n° 444 S, 1er et 3e §.)

Sauf les cas prévus aux 2 §§ précédents, les marchandises étrangères tarifées aux Antilles y sont admises au même droit, sans distinction de pavillons, lorsqu'il y a lieu d'appliquer le tarif colonial. *V.* n° 1589. (*Circ. du 31 août 1861, n° 788.*)

Les tarifs résultant des traités de commerce conclus avec les diverses puissances étrangères sont applicables aux Antilles et à la Réunion. (*Même Circ.*, n° 788.)

Les produits étrangers dont les similaires français sont soumis actuellement à un droit de douane à leur entrée aux colonies acquittent le même droit, augmenté de celui qui est fixé par le tarif de France. (*Loi du 3 juillet 1861, art. 5.*)

528—1547 bis. Les colonies de la Martinique, de la Guadeloupe et de la Réunion peuvent exporter sous tous pavillons leurs produits, soit pour la France, soit pour l'étranger, soit pour une autre colonie française, pourvu que celle-ci soit située en dehors des limites assignées au cabotage. (*Loi du 3 juillet 1863, art. 7.*)

Lorsque les produits des colonies sont transportés en France sous pavillon étranger, il est perçu seulement une surtaxe d'affrétement, ainsi qu'il est rappelé au n° 525 S. (*Même loi, art. 8.*)

Mais le bénéfice de cette disposition est subordonné à la double condition que le transport sera direct, comme pour les navires français, et que les intéressés produiront toutes les justifications exigées au sujet des cargaisons de ces derniers bâtiments. Il est statué pour chaque chargement selon les prescriptions en matière d'admission au privilége colonial. (*Circ.* n° 788.)

Sans aucune exception, les navires étrangers qui effectuent des transports entre les Antilles ou la Réunion et la France sont soumis dans les ports de la métropole, indépendamment de la surtaxe d'affrétement, aux droits généraux de navigation. Ainsi le droit de tonnage est de 3 fr. 75 c. par tonneau, plus les décimes. (*Circ.* n° 788.)

529—1548. Les produits (naturels ou fabriqués) de la Martinique, de la Guadeloupe et de la Réunion, autres que le sucre, les mélasses non destinées à être converties en alcool, les confitures et les fruits confits au sucre (1), le café et le cacao (2), importés en France par navires français, sont admis en franchise de droits de douane. (*Loi du 3 juillet 1861, art. 8.*)

---

(1) On exclut aussi de la franchise les sirops, les bonbons et la casse confite, qui suivent le régime du sucre. (*Circ.* n° 788.)

(2) Les tabacs en feuilles ne peuvent être livrés qu'à l'administration des tabacs. Quant aux tabacs fabriqués, ils subiraient les conditions du tarif général.

Les marchandises extraites des entrepôts coloniaux ou dont l'origine coloniale n'est pas dûment établie par les expéditions (manifeste et acquits-à-caution) délivrées au départ, sont assujetties, à l'importation en France, sous pavillon étranger, aux droits et aux surtaxes du tarif général. (*Circ. du 31 août 1861, n° 788.*)

530—1571. 3° §. *Ajouter en note :* Lorsque le 5° des droits sur les fers et aciers n'est pas acquitté au port d'embarquement en France, et que ces métaux ont plusieurs destinations, il convient que le service invite le commerce à produire, à l'appui de chaque déclaration collective, une note de détail que l'on annexera sous cachet à l'acquit-à-caution. (*Déc. du 23 février 1861.*)

531—1572. 1er §. S'il s'agit de produits fabriqués avec des métaux d'origine britannique ou belge, régulièrement justifiée, le service liquide le 5° des droits d'après les tarifs conventionnels. (*Déc. du 13 décembre 1861.*)

1588, 1594. *Ajouter : V.* n° 525 S.

1589, 1595. *Ajouter : V.* n° 527 S.

1591, 1596. *Ajouter : V.* n° 528 S.

532—1630. *Naufrages*, 6° ligne. *Ajouter :* et Circ. du 6 avril 1861, n° 747.

Dernier §. Le consul d'un pays ne peut être suppléé, en douane, que par le vice-consul ou par le chancelier du même consulat. (*Déc. du 10 janvier 1861.*)

533—128 S. *Primes*, 1er §. *Ajouter :* et Doc. lith. de 1861, n° 219.

534—418 S. Dernier §, 2° ligne. *Ajouter :* par lettre spéciale (bureau de primes) (*Circ. man. du 9 janvier 1862.*)

Les états de liquidations provisoires, formés d'après le modèle annexé à la Circulaire man. du 12 octobre 1861, ne doivent comprendre que les exportations effectuées pendant le mois qu'ils concernent. (*Circ. man. du 15 janvier 1862.*)

535—1693 T. 1er §. *Ajouter :* ou pour des sucres non raffinés et non assimilés aux raffinés importés par navires étrangers des pays hors d'Europe (1). (*Décret du 24 juin 1861, art. 2 ; Circ. du 20 juillet suivant, n° 776.*)

---

(1) Il s'agit là des sucres étrangers venus directement par navires étrangers, soit de

Au 2ᵉ tableau, substituer celui-ci :

Tableau des drawbacks afférents aux sucres raffinés ou candis par application de la loi du 23 mai 1860 et du décret du 24 juin 1861.

DÉSIGNATION DES SUCRES NON RAFFINÉS. dont les produits sont admis au drawback.			QUOTITÉ des droits par 100 kilog. de sucre non raffiné (décimes compris).	QUOTITÉ des drawbacks par 100 kilog. de sucres raffinés	
				Mélis ou candis (rendement de 76 p. 0/0).	Lumps ou tapés (rendement de 80 p. 0/0).
Sucres de nuance égale au plus au 1ᵉʳ type ou de nuances inférieures, importés,	des Colonies françaises	au-delà du Cap de Bonne-Espérance { jusqu'au 50 juin 1864	22 f 80 c	50 f — c	28 f 50 c
		du 1ᵉʳ juill. 1864 au 50 juin 1865	24 60	52 56	50 75
		du 1ᵉʳ juill. 1865 au 50 juin 1866	26 40	54 75	55 —
		à partir du 1ᵉʳ juillet 1866....	50 —	59 47	57 50
		d'Amé-rique. { jusqu'au 50 juin 1866........	26 40	54 75	55 —
		à partir du 1ᵉʳ juillet 1866...	50 —	59 47	57 50
	de l'Inde......... { par navires français,........		55 —	45 42	41 25
		par navires étrangers........			
	d'ailleurs, hors d'Europe,........... { par navires français,.........		50 —	59 47	57 50
		par navires étrangers	52 —	42 10	40 —

(*Circ. du 20 juillet 1861, n° 776.*)

Rayer le tableau inséré au n° 419 S.

536—1696. 5ᵉ §, 1ʳᵉ ligne. *Ajouter :* par lettre spéciale (bureau des primes) (*Circ. man. du 9 janvier 1862.*)

537—1707. *Modifier ainsi qu'il suit le drawback accordé à ces produits :*

Chlorure de chaux. . . . .   7 f. 50   les 100 k.

Gobeleterie, verres à vitres et autres verres blancs.   2   —   »

Bouteilles.   0   80   »

Outremer factice   6   75   »

(*Décret du 29 mai 1861, art. 2 ; Circ. du 31, n° 766.*)

Rayer l'article relatif aux savons, la prime ayant été supprimée par Décret du 24 juin 1861.

538—1717. 2ᵉ §, 2ᵉ ligne. A 16 fr., substituer 10 fr. (*Décret du 29 mai 1861, art. 2 ; Circ. du 31, n° 766.*)

---

l'Inde, soit des autres pays hors d'Europe, à l'exclusion des sucres importés des entrepôts Européens. (*Circ. n° 776.*)

Mais ces navires peuvent faire escale dans les ports hors d'Europe ou en Europe et être traités comme ayant fait un trajet direct, pourvu qu'il n'y aient pas chargé de sucres et qu'ils produisent les justifications énoncées au 7ᵉ § du n° 20 T. (*Circ. lith. du 21 janvier 1862.*)

539—1720. *Rayer, la prime ayant été supprimée par Décret du* 29 *mai* 1861.

540—1725. 1re Section. *Ajouter :* Pontarlier, station du chemin de fer *. (*Circ.* n° 755) ; Douai * (*Circ.* n° 795). *Nota.* Le bureau principal des contributions indirectes de Clermont-Ferrant, avec délégation exceptionnelle à un service spécial, est ouvert aux premières opérations de prime pour les sucres raffinés. (*Déc. du 4 octobre* 1861.)

2e Section. *Ajouter :* Pontarlier, station du chemin de fer *. (*Circ.* n° 755.)

541—1767. *Chevaux, etc,* 7e §. Dans le cas où, avant la réception des comptes n° 6, ils effectuent le remboursement des consignations déposées dans les bureaux subordonnés de leur principalité, les receveurs principaux en portent le montant aux avances à régulariser. (*Circ. de la compt. gén. du 8 octobre* 1861, n° 80.)

542—1773. *Grains.* Les céréales de premier ordre sont le froment, l'épeautre et le méteil. (*Circ. du 19 juin* 1861, n° 768.)

1775. *Rayer, le régime de l'échelle mobile ayant été supprimé par la loi du* 15 *juin* 1861.

1778. Le peu d'importance des droits à l'entrée et la franchise à la sortie permettent, dans la plupart des cas, d'admettre les déclarations pour conformes, sur la production, à l'importation, des connaissements, factures et lettres de voitures. (*Circ. du 19 juin* 1861, n° 768.)

Rayer le n° 1779.

1781. Les grains, farines, etc., ainsi que les pommes de terre, sont exempts de droits d'exportation. (*Loi du 15 juin* 1861, *art.* 2.)

Rayer les n°s 1784, 1785.

543—1787. *Rayer le* 2e §. Les grains et farines expédiés en cabotage d'un port à un autre de la France et de l'Algérie sont accompagnés d'une déclaration-passavant, avec franchise du timbre, conformément à l'art. 14 de la loi du 22 ventôse an XII. (*Circ. du 19 juin* 1861, n° 768.)

1789. *Rayer.* Le service ne tient aucun compte des déficits reconnus à l'arrivée. Quant aux excédants qui pourraient être passibles de droits, on suit les règles générales du cabotage. (*Circ.* n° 768.)

Rayer le n° 1790.

544—1791. Les grains et farines venant de l'étranger peuvent être reçus en entrepôt fictif (*Loi du 15 juin* 1861, *art.* 3), dans tout port de France, pourvu qu'il y existe un bureau de douane.

Il s'agit ici des céréales proprement dites, c'est-à-dire du froment, de l'épeautre, du méteil, du seigle, du maïs, de l'orge, du sarrasin et de l'avoine. Les autres denrées restent assujetties au régime d'entrepôt qui leur est propre.

Toutes les fois, d'ailleurs, que le régime à l'entrée est la franchise des droits, les produits ne peuvent être constitués en entrepôt. (*Circ. du 19 juin 1861*, n° 768.)

545—1794. 1er §. *Ajouter :* Décret du 25 août 1861, art. 1er; Circ. du 2 septembre suivant, n° 790.

2e §. *Ajouter :* Décret du 25 août 1861, art. 2.

Rayer le 3e et le 4e §.

Les froments destinés pour la mouture pourront être importés par tous les bureaux ouverts à l'importation des céréales.

La réexportation des farines ne s'effectuera que par les ports d'entrepôt réel ou par les bureaux ouverts, soit au transit, soit à l'entrée des marchandises taxées à plus de 20 fr. les 100 k., quel qu'ait été le lieu d'importation du blé. (*Décret du 25 août 1861, art. 3.*)

5e §, 2e ligne. *A* 20 jours, *substituer* trois mois.

6e §. *Ajouter :* Décret du 25 août 1861, art. 4.

7e §, 2e ligne. *Au lieu de* ouverts à ces opérations, *mettre :* désignés pour la sortie. *Ajouter :* Décret du 25 août 1861, art 5.

8e §. *Ajouter :* Décret du 25 août 1861, art. 6. *Rayer la note.*

1795. *Rayer le* 2e §.

546—1796. *Intérieur.* P. 380, note 1. *Rayer.*

Les traités conclus avec l'Angleterre et avec la Belgique peuvent être considérés comme ayant levé toute restriction au sujet des fils de coton et de laine longue peignée. Le service doit donc s'abstenir d'apposer une vignette sur ces fils. (*Déc. du 14 octobre 1861.*)

Note 2. *Rayer ce qui concerne l'application d'une marque.*

547—1846. *Traités.* Les navires des États-Unis sont admis en France et francisés moyennant les droits conventionnels indiqués à la page 73 du tableau des droits. (*Décret du 25 août 1861 ; Circ. du 3 septembre 1861, n° 791.*)

Cette disposition est applicable aux navires américains achetés aux États-Unis ou partout ailleurs, par des sujets français ou pour leur compte.

Ces navires, munis par les consuls français de lettres de francisation provisoire pour se rendre en France, peuvent, pendant la traversée, s'arrêter dans les ports étrangers placés sur leur route. (*Circ. lith. du* 23 *octobre* 1861) ou se rendre dans les ports du Mexique (*Circ. lith. du* 9 *janvier* 1862) et y prendre des marchandises de fret; mais la durée de cette faculté, qui sera mentionnée sur les congés délivrés par les consuls aux capitaines, sera limitée au maximum de six mois.

Les navires arrivant en France dans ces conditions régulièrement établies, jouissent, ainsi que leurs cargaisons, des avantages afférents au pavillon national.

En pareil cas, il n'est pas indispensable que les officiers et les trois quarts de l'équipage soient français, lorsqu'il est d'ailleurs justifié, par un certificat consulaire, de l'impossibilité matérielle où l'on s'est trouvé, dans le port de départ, de remplir les prescriptions de l'art. 2 de la loi du 21 septembre 1793; mais cette tolérance cesse aussitôt que le navire a été définitivement francisé. (*Circ. lith. du* 23 *octobre* 1861.)

548—429 S. 1er §. *Angleterre.* Un Décret du 29 mai 1861 a complété, à dater du 1er octobre suivant, l'application de la convention du 16 novembre 1860; et un autre Décret du 29 mai a étendu à l'Angleterre les dispositions du traité franco-belge en ce qu'elles pourraient avoir de plus large ou de plus favorable pour le commerce anglais (1). (*Circ. du* 31 *mai* 1861, n° 765.)

La concession des mêmes immunités est subordonnée aux mêmes conditions de justification, à moins de stipulations contraires. (*Circ. lith. du* 9 *juillet* 1861.)

Au *tableau des droits* publié en 1861 sont insérés les tarifs spéciaux ou conventionnels résultant des traités conclus avec l'Angleterre et avec la Belgique. (*Circ. du* 30 *septembre* 1861, n° 799.)

On ne remarque de différences entre les deux tarifs spéciaux, qu'au sujet: 1° des coutils unis au façonnés (tissus de lin ou de chanvre) (p. 111 et 146) si les intéressés demandent l'application, pour les importations d'Angleterre, du tarif établi par la convention du 16 novembre 1860; 2° de l'alcool, eaux-de-vie autrement qu'en bouteilles, et autres. (p. 98 et 134.)

---

(1) Ainsi, par exemple, des marchandises anglaises qui, d'après le traité avec la Grande-Bretagne, seraient admissibles au droit de 15 fr. les 100 kil, à partir du 1er octobre, pourraient être *immédiatement* reçues, à cette taxe, dans le cas où une nouvelle convention passée avec la Belgique disposerait que les marchandises semblables, d'origine belge, seraient immédiatement frappées d'un droit de 20 fr. (*Déc. du* 3 *juin* 1861.)

549. Certains produits supportent des taxes supplémentaires équivalentes aux taxes de consommation intérieure. Pour les produits à base de sel et pour la bière, les droits supplémentaires sont cumulés avec le droit d'importation et perçus en bloc. Quant à l'alcool, aux eaux-de-vie, liqueurs, vernis à l'esprit de vin, parfumeries alcooliques, le soin de percevoir ou d'assurer le droit de consommation intérieure est laissé au service des contributions indirectes; la douane, après avoir recouvré le droit d'importation sur ces produits, n'en permet l'enlèvement qu'autant qu'il lui est justifié que les taxes de la régie ont été acquittées ou garanties. (*Circ. des 31 mai 1861*, n° 764 *et 27 septembre 1861*, n° 798.)

Le cristal, proprement dit, et tout verre à base de potasse, sont exempts de la taxe supplémentaire afférente aux produits à base de soude.

550. Les droits fixés ne doivent subir aucune réduction pour cause d'avarie ou de détérioration quelconque des marchandises. (*Circ.* n° 764.)

Les marchandises saisies à l'importation d'Angleterre et vendues par la douane, après confiscation ou abandon, peuvent être adjugées pour la consommation, sous paiement préalable du droit conventionnel. (*Déc. du 4 juillet 1861.*)

Dans la répartition des amendes exigées à l'occasion de l'application de ces traités, il faut défalquer, pour l'attribuer au Trésor, la fraction qui représente le double décime. (*Déc. du 9 septembre 1861.*)

551. La main-d'œuvre suffit pour conférer les caractères de produits nationaux. Sont dans ce cas : les tissus de soie (foulards) de l'Inde imprimés en Angleterre; les articles de bonneterie allemande découpés et confectionnés en Angleterre; les toiles fabriquées en Belgique avec des fils anglais (*Déc. du 21 janvier 1862.*); les articles de verrerie ou de cristallerie allemande montés en Angleterre ou en Belgique, mais avec exclusion des objets détachés. (*Circ. man. du 21 décembre 1861.*)

552. Au sujet du transit, il n'est maintenu de prohibition que pour les contrefaçons et pour la poudre à tirer. (*Circ.* n° 764.)

553. 2e § du n° 429 S, 5e ligne, en note. Sont valables, les certificats des douanes anglaises énonçant seulement que les produits désignés ont été déclarés par l'expéditeur être d'origine anglaise. (*Déc. min. du 4 avril 1861 ; Circ. du 18*, n° 750.)

554. On admet les certificats d'origine délivrés par l'un des commissaires chargés en Angleterre de la réception des assermentations, et revêtus du visa d'un agent consulaire français. (*Circ. lith. du 27 juin 1861.*)

Sont valables aussi les certificats d'origine émanés des expéditeurs et simplement légalisés, soit par les autorités locales et visés par un agent consulaire français, soit par un agent consulaire de France. (*Déc. du 9 décembre 1861.*)

A défaut de visa d'un agent consulaire français, tout certificat d'origine doit être repoussé par le service. (*Circ. lith. du 8 août 1861.*)

555. Lorsqu'il peut y avoir doute sur le contenu des certificats en langue étrangère, le service peut réclamer une traduction régulière. Mais ce serait s'écarter des intentions de l'administration et imposer au commerce des frais et des retards inutiles que d'exiger la traduction officielle dans les cas, bien plus fréquents d'ailleurs, où le texte des certificats ne laisse place à aucune incertitude et peut être facilement interprété par les employés ou par voie officieuse et sûre. (*Circ. lith. du 13 septembre 1861.*)

556. Quand un certificat d'origine est produit au sujet de liquides en bouteilles, on peut se dispenser d'exiger des justifications pour les récipients. (*Circ. lith. du 9 juillet 1861.*)

Les produits de la librairie sont affranchis de toute justification d'origine. (*Circ. du 22 juillet 1861, n° 777; Déc. min. du 17 août 1861; Circ. du 30, n° 787.*)

Il en est de même pour les objets importés par les voyageurs en dehors de toute spéculation commerciale (V. 429 S, dernier §), la laine en masse d'Australie (1), le coton en laine de l'Inde (1), le jute peigné, les châles et les écharpes des Indes; les produits affranchis de tout droit d'après le tarif général, ainsi que pour les objets mobiliers des voyageurs ou étrangers venant d'Angleterre ou de Belgique se fixer en France (*Circ. du 31 mai 1861, n° 764, et errata inscrit sur la Circ. n° 767.*)

557. Dans les cas où rien n'annonce que l'origine des marchandises puisse être régulièrement établie, le service doit percevoir les droits du tarif général, en tenant compte de l'assimilation de pavillon. Au contraire, quand, l'origine pouvant être présumée, il n'y a eu qu'une simple omission

---

(1) Mais à l'égard des laines d'Australie en masse, des cotons en laine de l'Inde et du jute peigné, *extraits des entrepôts* belges, l'importateur en France, par mer ou par terre, doit produire un certificat de la douane belge attestant leur origine. Quant il s'agit de laines ou de cotons venus en Belgique par la voie d'Angleterre, il appartient aux intéressés de prendre les mesures nécessaires pour obtenir que l'origine soit certifiée par la douane belge. On n'a pas à rechercher par quels navires ces matières premières ont été apportées dans les entrepôts. (*Circ. n° 764; Déc. du 18 juin 1861.*)

et si les importateurs déclarent vouloir produire ultérieurement les justifications nécessaires, il convient de liquider provisoirement les droits d'après le tarif conventionnel, sauf à faire immédiatement consigner le montant de la différence entre les deux taxes ou à en assurer le paiement au moyen d'une soumission cautionnée. (*Circ. lith. du 18 septembre 1861.*)

558—431 S, 3e ligne. *Après le mot* traité, *mettre :* et admissibles au bénéfice des dispositions de la convention.

559—431 *bis.* Les produits non originaires d'Angleterre et repris aux traités, lorsqu'ils sont importés par navires français ou anglais supportent, outre les droits conventionnels, la surtaxe de provenance (*quand il y a surtaxe*), afférente aux importations, soit d'ailleurs que des pays d'origine, soit des entrepôts d'Europe, sous pavillon français. Toutefois, la surtaxe dont il s'agit n'est pas exigée sur les cotons de l'Inde, sur les laines d'Australie, sur le jute peigné, bien que non originaires d'Angleterre, l'intention ayant été d'exonérer entièrement ces matières, propres à l'industrie, quand elles sont importées, soit directement des pays d'origine, soit des entrepôts anglais sous pavillon français ou anglais.

Les produits non originaires d'Angleterre désignés dans le traité, à l'égard desquels il n'existe pas de droits différentiels de provenance, sont assujettis à leur importation directe par mer d'Angleterre, sous pavillon anglais, au droit des importations par navires français.

Dans le cas où des bâtiments tiers importeraient d'Angleterre des marchandises non originaires de ce pays ou pour lesquelles il ne serait pas fourni de certificats d'origine, ces marchandises demeureraient soumises aux conditions du tarif général, et acquitteraient le droit des importations par navires étrangers.

A l'égard des marchandises originaires ou non d'Angleterre, et *non désignées au traité*, le droit à l'importation d'Angleterre par navires anglais reste celui des importations sous pavillon français d'ailleurs que des pays de production. (*Circ. n° 764.*)

560—452 S. Pour l'application des traités conclus avec l'Angleterre ou la Belgique, relativement aux tissus mélangés, on exige le droit afférent au produit qui entre dans le mélange pour la proportion la plus forte en poids. (*Circ. du 27 septembre 1861, n° 798.*)

Il en est de même, par exemple, des fils de poil de chèvre mélangés de bourre de soie, le poil de chèvre dominant, traités comme fils de poil de chèvre, bien que ces filés mélangés ne soient pas nommément repris au traité. (*Circ. lith. du 24 janvier 1862.*)

Pour les toiles de lin, de chanvre et de jute, et pour les fils de lin et de chanvre, mesurant au kil. plus de 72,000 mètres, admissibles aux conditions de ces traités, il existe des types plus favorables, dans l'ensemble, que ceux adoptés au sujet des importations d'après le tarif général. (*Circ. man. du 3 juillet* 1861.)

561. Les cartes fabriquées en Angleterre ou en Belgique peuvent, malgré la prohibition énoncée au n° 2131, être importées en France, par les bureaux indiqués au n° 576 T., moyennant le paiement d'un droit de douane de 15 % de la valeur, et, quel que soit le nombre de cartes de chaque jeu, d'une taxe de 40 c., plus 2 décimes, exigée à l'égard des cartes à jouer à portrait étranger ou de fantaisie fabriquées en France sur papier libre. (*Décret du* 27 *mai* 1861.)

Les receveurs de douane perçoivent cette dernière taxe pour le compte de leurs collègues des contributions indirectes et procèdent en même temps à l'apposition de la bande de contrôle sans laquelle les cartes ne pourraient circuler à l'intérieur.

Ces bandes et la colle nécessaire leur sont adressées à cet effet par les receveurs principaux des contributions indirectes. Le comptable de douane est responsable, pour chaque bande de contrôle non représentée, d'une somme de 48 c. en y comprenant les deux décimes.

Les perceptions s'effectuent sur un registre n° 74 B., et toute quittance entraîne le paiement d'un droit de timbre de 10 centimes.

Chaque mois, ou plus souvent si cela est nécessaire, les recettes de l'espèce sont versées, avec un décompte certifié, au receveur particulier des contributions indirectes, qui délivre une quittance, n° 74. (*Circ. du* 16 *septembre* 1861, n° 796.)

562 — 455 *bis* S. Les fils de coton, et les fils de laine, de toute sorte, les fils d'alpaga, de lama, de vigogne et de chameau peuvent être importés par Marseille, Bordeaux, Nantes, Rouen, le Havre, Dieppe, Boulogne, Calais, Dunkerque, Tourcoing, Roubaix, Lille, Valenciennes, Mulhouse, Strasbourg, Lyon, Paris. (*Décrets des* 1er *octobre et* 14 *décembre* 1861; *Circ.* n°s 798 *et* 816.)

Les douanes de Marseille, Bordeaux, Nantes, Rouen, le Havre, Boulogne, Calais, Dunkerque, Lille, Valenciennes, Mulhouse, Strasbourg, Chambéry, Lyon et Paris sont ouvertes à l'importation directe et à l'acquittement des tissus, purs ou mélangés, taxés à la valeur (1).

---

(1) Il s'agit ici des tissus antérieurement prohibés et de ceux à l'égard desquels un

Ces tissus peuvent d'ailleurs être introduits par tous les ports de France et par les bureaux de la frontière déjà ouverts au transit des marchandises non prohibées, mais alors pour le transit ou pour l'entrepôt, ou pour être dirigés sous plomb et par acquit-à-caution, sur l'une des douanes énoncées au § précédent. (*Décrets des* 9 *septembre* 1861, *et* 14 *décembre* 1861 ; *Circ.* n°ˢ 797 *et* 816.)

Les voitures à échelle, etc., sont admissibles par tous les bureaux. *(Circ. man. du 30 octobre* 1861.)

Les fers en massiaux doivent être importés par les bureaux ouverts à l'entrée des fers en barres ;

Les ouvrages en fonte et les ouvrages en acier, par les bureaux ouverts à la fonte et à l'acier ;

Les ouvrages en métaux divers, par les bureaux ouverts à ces mêmes métaux. (*Circ.* n° 764.)

A l'égard des machines et mécaniques (1), des ouvrages d'or et d'argent, de la librairie, *V.* n°ˢ 1856 et 1869, des fils et tissus de lin et de chanvre, des châles et écharpes de cachemires des Indes, etc., *V.* n°ˢ 579, 581, la restriction des bureaux d'entrée est maintenue. (*Circ. du* 31 *mai* 1861, n° 764.)

563. Quant aux restrictions d'emballage, *V.* n° 367 S la tolérance dont il doit être usé pour les outils diversement taxés. (*Circ.* n°ˢ 704 *et* 764.)

Celles relatives aux fils et aux toiles de lin et de chanvre, *V.* n°ˢ 598 et 599, sont étendues aux fils et tissus de coton, aux fils de laine, aux fils d'alpaga, de lama et de vigogne et aux fils de poil de chameau. *(Décret du* 1ᵉʳ *octobre* 1861 ; *Circ.* n° 798.)

Mais il est à remarquer que cette restriction d'emballage a en vue de faciliter les vérifications par épreuves et d'épargner aux intéressés les lenteurs qu'entraînerait, s'il y avait mélange dans les colis, la nécessité de les reconnaître tous, article par article ; et il convient de n'appliquer cette disposition qu'avec ménagement.

---

droit *ad valorem* a remplacé une taxe au poids. Mais les marchandises qui étaient taxées à la valeur conservent les facilités résultant du tarif général. Ainsi, les dentelles de lin ou de coton, le tulle de coton avec application d'ouvrages en dentelles de fil, peuvent être admis au droit conventionnel dans tous les bureaux ouverts aux marchandises taxées à plus de 20 fr. les 100 kil. (*Circ. man. du 30 octobre* 1861.)

(1) Les bâtiments de mer, les coques de bâtiments de mer et les bateaux de rivière ne peuvent être acquittés que dans les bureaux ouverts à l'importation des machines et mécaniques. (*Circ.* n° 798.)

Ainsi, tout colis isolé, quelle que soit sa composition, doit être admis au bénéfice du traité. La même tolérance est accordée chaque fois que plusieurs colis, évidemment réservés à divers destinataires, peuvent être considérés comme importés isolément.

Pour les fortes parties de marchandises, si les emballages n'étaient pas divisés par espèces, les déclarants devraient être mis en demeure, soit de réexporter les produits, soit d'en opérer le triage. (*Circ. lith. du 30 novembre 1861.*)

La restriction d'emballage au sujet de la librairie, *V.* n° 2080, n'est pas applicable aux importations dans les conditions des traités conclus avec l'Angleterre ou avec la Belgique. (*Circ.* n° 764.)

564—455 *ter* S. Si le déclarant, par suite de circonstances exceptionnelles, se trouve dans l'impossibilité d'énoncer la quantité de marchandises à soumettre aux droits, la douane lui permet de vérifier préalablement à ses frais, dans un local désigné ou agréé par elle, le *poids*, la *mesure* ou le *nombre;* l'importateur est néanmoins tenu, ensuite, de faire sa déclaration détaillée dans le délai légal. Cette facilité est accordée par le chef de la visite, ou, à défaut, par le receveur des bureaux où il n'existe pas de sous-inspecteurs, et doit rester entourée des mesures de précaution propres à prévenir les abus. (*Circ.* n° 764.) *V.* n° 187 T.

565 — 454 S. 1er §. La valeur à déclarer par l'importateur, et celle sur laquelle doit porter le droit, est la valeur normale et régulière de la marchandise dans le pays de production, augmentée des frais ordinaires de transport, d'assurance, alors même que la marchandise n'aurait pas été assurée, et de commission jusqu'à son arrivée ou son débarquement ; en d'autres termes, la valeur actuelle et réelle en France. Quand, au lieu du prix net et effectif de la vente, les factures mentionnent des escomptes ou remises quelconques, le service ne peut en tenir compte qu'autant qu'ils ne font pas obstacle à ce que le prix régulier puisse être rétabli, de manière que les mêmes produits, quel que soit le déclarant, supportent autant que possible la même somme de droits. (*Circ. du 27 septembre 1861,* n° 798.)

Lorsqu'ils jugent qu'une déclaration relative à des marchandises taxées à la valeur est entachée de mésestimation, il convient, pour l'application des tarifs conventionnels, que les agents de la visite, avant de recourir à l'expertise locale, engagent les intéressés à élever suffisamment la valeur indiquée. (*Circ. man. du 25 septembre 1861.*)

2e §. On n'a pas à requérir des consuls français un visa pour chaque facture ; il suffit d'un visa collectif comprenant toutes les pièces faisant l'objet d'un même envoi. (*Déc. du* 6 *septembre* 1861.)

Il serait désirable que les factures restassent annexées à la déclaration, pour faciliter le contrôle ultérieur des chefs ; mais l'administration ne croit pas devoir les retenir. En cas de refus de la part des déclarants, le service doit donc les leur rendre. (*Déc. du* 6 *janvier* 1862.)

5e §. C'est à raison de la valeur totale de la partie entière de tissus de même nature, de qualités semblables ou différentes, faisant l'objet d'un seul article de la déclaration, que s'applique la tolérance de 5 %.

Dans le cas où la mésestimation reste dans cette proportion, les droits sont perçus d'après la valeur déclarée et les frais d'arbitrage retombent à la charge du budget de l'administration. (*Circ. lith. du* 14 *décembre* 1861.)

566—454 bis, S. A la sortie, le tarif général est appliqué aux produits français expédiés à destination de l'Angleterre ou de la Belgique, sauf qu'il y a exemption de droits pour les peaux brutes, grandes ou petites, fraîches ou sèches, les soies en cocons, etc., les engrais, les oreillons, les os, sabots et cornes de bétail, les bois de noyer, y compris les bois de fusil, achevés ou ébauchés, les chardons cardières, les tourteaux de graines oléagineuses, les chiffons de laine sans mélange, les meules et le noir animal ; et qu'on exige par 100 kil. brut, 4 fr. sur les vieux cordages, goudronnés ou non, 12 fr. à l'égard des drilles de toute espèce et de la pâte à papier.

567—435 S. En Algérie, les tissus, purs ou mélangés, taxés à la valeur, ne peuvent être importés que par les bureaux d'Alger et d'Oran. (*Décrets du* 9 *septembre* 1861 *et* 8 *janvier* 1862 ; *Circ.* n°s 797 *et* 824.)

568—1858. Des dispositions analogues à celles rappelées au n° 1845 ont été adoptées entre la France et la *Russie* pour la garantie de la propriété des œuvres d'esprit et d'art. (Convention du 6 avril 1861 ; Décret du 22 mai 1861 ; *Circ.* n° 775.)

Sont exempts de droits d'entrée, quel que soit le mode de transport, les livres, gravures ou lithographies, les cartes géographiques et la musique gravée de l'empire de Russie. (*Même convention.*)

569—1864. *Belgique. Ajouter aux divers §§ :* Décret du 29 mai 1861 ; Circ. du 31, n° 764.

1865. *Ajouter :* Décret du 29 mai 1861 ; Circ. du 31, n° 764.

570—1866. *Rayer jusque et compris le* n° 1868. Les produits du sol ou de l'industrie belge, dénommés au traité du 1er mai 1861, importés directement de Belgique, soit par terre, soit par mer, sous pavillon français ou belge, sont admissibles à un droit spécial ou conventionnel qui, décimes compris, ne dépasse pas 30 % de la valeur. (*Traité de commerce du 1er mai 1861* ; *Décret du 27* ; *Circ. du 31*, n° 764.)

Les droits spéciaux ou conventionnels, tels qu'ils sont fixés, comprennent les décimes. Seulement, s'il y a lieu de percevoir des taxes ou surtaxes du tarif général, celles-ci sont passibles des décimes. (*Circ.* n° 764.) *V.* n° 429 S, 1er §.

Pour les justifications, soit de transport direct par mer. *V.* n° 429 S, 1er §, ou par terre, *V.* n° 18 T, dernier §, soit d'origine, *V.* n° 429, 2e §, et 553 à 557 S. (*Circ.* n° 764.)

Pour les produits admissibles au bénéfice du traité et directement importés de Belgique sous tiers pavillon, *V.* n° 431 S. (*Circ.* n° 764.)

Au sujet des marchandises taxées à la valeur, *V.* nos 434 et 565 S ; et pour les autres dispositions, nos 548 à 552, 558 à 564, et 566 S.

571. La franchise dans les deux pays est accordée, sans aucune restriction de justification, à l'importation comme à l'exportation des céréales en gerbes ou épis, des foins, de la paille et des fourrages enlevés en vert ; ce qui ne dispense pas des déclarations, etc. (*Circ.* n° 764, *et Déc. du* 13 *juillet* 1861.)

572. Pour l'application en Algérie du traité avec la Belgique, *V.* nos 435 et 567 S. (*Circ.* n° 764.)

573. A l'importation par terre, les produits non originaires de Belgique, spécifiés ou non en l'art. 22 de la loi du 28 avril 1861.(*V.* n° 571 T), sont soumis, soit aux surtaxes de provenance dont sont ou pourront être frappés, d'après le tarif général, les produits importés en France sous pavillon français *d'ailleurs que des pays d'origine*, soit à la surtaxe afférente aux importations des *entrepôts d'Europe* par navire français. Quant aux produits non originaires de Belgique, pour lesquels il n'existe aucune taxe différentielle, soit de provenance, soit d'origine, d'après le tarif général, le droit à appliquer est celui des importations par navires français. Mais les cotons en laine de l'Inde, la laine d'Australie en masse et le jute peigné sont admis par terre en franchise, moyennant justification d'origine. *V.* n° 556 S. note. (*Circ.* n° 764.)

Les denrées coloniales désignées au n° 570 T, peuvent entrer, par la frontière Belge, par les bureaux indiqués au n° 576. (*Circ.* n° 764.)

574. Afin de faciliter les communications ordinaires entre la France et la Belgique, on applique les dispositions suivantes :

A l'*entrée*. Les personnes connues et offrant, par leur position, les garanties désirables, peuvent être admises à traverser la frontière sans formalités au sujet de leurs voitures et de leurs chevaux, *V*. n° 1396 ; une expédition ne serait délivrée que dans le cas où elles déclareraient vouloir retourner à l'étranger par un autre point. Lorsque les importateurs ne sont pas connus, un acquit-à-caution, valable pour un an, sauf prolongation par le Directeur, garantit la réexportation des chevaux et voitures, *V*. n° 1934 ; la consignation est d'ailleurs admise, si les intéressés le préfèrent. *V*. n° 1933.

A la *sortie*, pour les personnes connues, on agit comme à l'entrée ; à l'égard des autres, il est délivré un passavant descriptif, valable pour un an et à vue duquel les attelages sont librement réimportés.

A l'entrée et à la sortie, il est utile, dans l'intérêt général, que le service prenne une note sommaire, sur un carnet, du passage des personnes ; l'acquit-à-caution peut être déchargé sur le visa des préposés sans que le receveur intervienne pour reconnaître l'identité de l'attelage.

Sur les routes gardées d'une manière permanente, toutes facilités doivent être accordées pour les passages pendant la nuit. (*Déc. du* 21 *septembre* 1861.) *V*. n° 1771.

575. A l'exportation, le service s'en tiendra, quant à la justification de destination pour la Belgique, à la déclaration des expéditeurs. (*Circ.* n° 764.)

Les receveurs des bureaux de sortie, après s'être éclairés par les documents qui sont mis à leur disposition, délivrent les certificats demandés par les exportateurs nationaux pour les produits d'origine et de manufacture française expédiés en Belgique. (*Circ.* n° 764.)

Ces certificats d'origine doivent être libellés, et signés, d'une manière lisible, par deux employés (*Circ.* n° 764), revêtus du visa du chef local et du cachet du bureau. (*Circ. lith. du* 8 *août* 1861.)

Pour jouir en Belgique d'une bonification de 7 % sur le taux des droits d'accise, les sels marins français, exportés par mer, doivent être accompagnés de certificats délivrés par les agents consulaires belges ou par les agents des Douanes au port d'embarquement et attestant que ces sels n'ont été soumis en France à aucune opération de raffinage. (*Circ.* n° 764.)

576. Les sacs d'origine française exportés temporairement en Belgique pour être réimportés pleins, sont affranchis de l'estampillage à la sortie, sans perdre le bénéfice de la franchise au retour. Seulement, si la réimportation s'effectue avec emprunt du territoire du Luxembourg, elle doit avoir lieu en waggons ou colis plombés. (*Déc du 11 juillet 1861.*)

577. Les produits français importés en Belgique par le chemin de fer du Luxembourg sont admis au bénéfice du régime conventionnel, à la condition que les waggons ou colis renfermant les marchandises seront plombés par la douane française, que le plombage restera intact jusqu'à l'arrivée en Belgique, et que les produits seront accompagnés des justifications d'origine exigées. (*Circ. des 12 janvier 1861, nº 723, et 31 mai 1861, nº 764.*)

578—1869. *Ajouter aux divers §§ :* Décret du 27 mai 1861 ; Circ. du 31, nº 764.

1er §, 3me ligne. *Ajouter :* des modèles ou dessins industriels et des marques de fabrique. (*Circ. nº 764.*)

Sont exceptées de l'interdiction, la publication en Belgique de chrestomathies, composées de fragments ou d'extraits d'auteurs français. (*Circ. nº 764.*)

Note 2. *Ajouter :* et Circ. du 31 mai 1861, nº 764.

579—1870. Le traité franco-sarde est étendu à tout le Royaume d'Italie (États Sardes, Toscane, Lucques, Deux-Siciles.) (*Circ. man. des 11 juillet et 31 août 1861.*) (1)

1871. *Rayer les §§* 2, 3, 4, 6 (riz), 11 (corail).

1876 à 1878. *Rayer.*

580—1884. Le traité sera appliqué jusqu'au 27 juin 1862. (*Circ. du 19 janvier 1861, nº 726.*)

581—1885. Il suffit que les hommes d'équipage aient été immatriculés au Mexique. (*Déc. min. du 12 juillet 1861.*)

582—286 S, 3e §, 2e ligne. *Ajouter :* gravures, lithographies et photographies.

585—1928 T. *Voyageurs.* Note 3, 2e §. *Aux mots au droit de 15 %, substituer ceux-ci :* en franchise. (*Circ. du 2 août 1861, nº 784.*)

---

(1) Mais les marchandises importées des Deux-Siciles avant l'abrogation du traité conclu avec ce pays et placées en entrepôt, peuvent, lors de leur mise en consommation, être admises au bénéfice de cette convention, quand elle est plus favorable que le traité franco-sarde. (*Déc. min. du 14 octobre 1861, transmise le 23.*)

584—1930. Les dispositions énoncées à ce numéro, relatives aux vêtements et objets apportés par les voyageurs, sont étendues aux importations faites pour le compte de personnes résidant à l'intérieur, en tant qu'il s'agit d'objets ayant une destination hors de commerce, quelle qu'en soit d'ailleurs la valeur.

Mais, contrairement à ce qui a lieu pour les voyageurs qui obtiennent ces facilités dans tous les bureaux, l'admission des objets pour des personnes de l'intérieur ne s'effectuera que par les bureaux ouverts à l'entrée des marchandises taxées à plus de 20 fr. les 100 kil. Les chefs locaux statuent dans les deux cas. (*Déc. min. ; Circ. du 3 avril* 1861, n° 745.)

585—1931. 1er §, 3e ligne. 3e, 5e, 6e, 7e et 8e § §. 287 S, 7e et 16e ligne, *au lieu de* au droit de 15 %, *mettre :* en franchise. (*Déc. min. du 13 juillet* 1861 ; *Circ. du 2 août* 1861, n° 781.)

Même numéro, 1er §, 11 ligne. *Rayer* tapis.

Les tapis, rentrant dans la classe des articles de luxe et leur admission en franchise pouvant donner lieu à des abus, continuent, qu'ils soient ou non en cours de service, à être soumis à la taxe de 15 % (plus les décimes) à l'importation d'ailleurs que d'Angleterre ou de Belgique ; à l'importation de ces deux pays, ils sont assujettis au droit du tarif conventionnel, soit 15 %, décime compris. (*Circ. du 2 août* 1861, n° 781.)

Comme les mobiliers agricoles déjà assimilés aux meubles (*V.* n° 287 S, 4e §), les chariots, tombereaux, voitures à échelles, manches d'outils en bois, etc., sont admis en franchise, pourvu qu'ils soient reconnus être en cours d'usage. Il en est de même, sous la même réserve, pour les objets qui, au point de vue du tarif, rentrent dans la classe des machines agricoles ; telles sont, par exemple, les herses, les charrues, les moissonneuses, les faneuses, etc. — Ainsi la dénomination du matériel agricole, affranchi des taxes, s'entend de tous les objets ou instruments quelconques destinés à l'exploitation rurale.

Sous aucun prétexte, cette immunité, relative aux machines agricoles, ne s'étendra aux machines d'autres sortes, par exemple, aux appareils faisant partie des matériels industriels. (*Circ. du 2 août* 1861, n° 781.)

Dans tous les cas, la franchise n'est accordée qu'autant qu'il s'agit de mobiliers proprement dits, à l'exclusion de toute importation faite en vue de spéculations commerciales ; que les objets portent des traces évidentes de service et sont reconnus en rapport, par leur nombre, leur nature et leur qualité, avec la position des importateurs. (*Circ. du 2 août* 1861, n° 781.)

586—1946. 1er §. *Retours.* Les dispositions indiquées à ce § sont applicables aux tissus de coton ou de laine pure ou mélangée, teints ou imprimés, des fabriques françaises. La faculté du retour se trouvera ainsi restreinte aux tissus de l'espèce qui seront représentés revêtus de l'estampille et reconnus conformes aux échantillons prélevés à la sortie. Toutefois, le commerce ayant actuellement la latitude de réclamer la libre réimportation dans un délai de deux années, il est entendu que le service réadmettra pendant deux ans encore, sous l'accomplissement des formalités exigées avant la mise en vigueur des nouvelles mesures, les tissus dont la sortie de France remonterait à une époque antérieure; mais l'origine des marchandises devra être reconnue avec soin, et, au besoin, l'expertise légale sera provoquée. (*Déc. min. du 13 novembre 1861* ; *Circ. du 16 décembre suivant,* n° 813.)

587—2011. 1er §. Dans les localités où il existe un receveur spécial des taxes sanitaires, il lui appartient de faire les poursuites nécessaires pour en assurer le recouvrement. Ailleurs, ce soin incombe aux receveurs des douanes. (*Déc. du dépt du commerce du 13 janvier 1862, transmise le 22.*)

588—2015. 1er §. *Pêches.* 2041, 1er §. 2053, 3° §. *Au lieu de 1861 mettre :* 1871. (*Décret du 15 juin 1861* ; *Circ. du 27,* n° 772.)

589—2043. 2e §. *Ajouter :* Il sera adjoint un capitaine au long-cours et un chimiste, désignés par le président du tribunal de commerce. (*Décret du 15 mai 1861* ; *Circ. du 28,* n° 762.)

590—2057. *Armes.* 1er §. *Ajouter :* et loi du 14 juillet 1860, art. 19; Circ. du 29 mai 1861, n° 763.

591—2058. *Rayer.*

Toute personne peut se livrer à la fabrication ou au commerce des armes ou des pièces d'armes de guerre, en vertu d'une autorisation donnée par le ministre de la guerre, et sous les conditions déterminées par la loi ou par les règlements d'administration publique.

Les armes ou les pièces d'armes de guerre fabriquées dans les établissements autorisés ne peuvent être destinées qu'à l'exportation, sauf le cas de commandes faites par le ministre de la guerre pour le service de l'État. (*Loi du 14 juillet 1860, art.* 1er.)

L'administration fait connaître au service les fabriques autorisées. (*Circ. lith. du 26 décembre 1861.*)

592—2059. *Rayer.*

Les armes de guerre sont celles qui servent ou qui ont servi à armer les troupes françaises ou étrangères.

Peut être réputée arme de guerre toute arme qui serait reconnue propre au service de guerre et qui serait une imitation réduite ou amplifiée d'une arme de guerre.

Les armes dites *de bord* ou *de troque* sont considérées comme armes de guerre et soumises aux mêmes règles (1). (*Loi du 14 juillet 1861, art. 2.*)

Objets assujettis au régime des armes :

Armes d'affût. { Les armes d'affût. { Les affûts.

Armes à feu portatives. { Les fusils, pistolets, etc. { Les baguettes de fusils en métal. { Les baïonnettes.

Armes blanches. { Les sabres et lames de sabres. { Les épées et lames d'épées. { Les haches d'abordage. { Les piques d'abordage. { Les cuirasses.

Lorsque ces armes ou pièces d'armes rentrent exactement dans la définition donnée par l'article 2 de la loi du 14 juillet 1860.

(*Circ. du 6 Janvier 1862, n° 818.*)

Le classement des armes de guerre ou de commerce rentrent dans les attributions des contrôleurs d'armes. (*Circ. n° 818.*) *V.* n° 600 S.

Les droits afférents, d'après le Tarif général, aux moules à balles et aux balles de plomb autres que de calibre sont appliqués à tous les objets de l'espèce indistinctement. Les tire-balles, qui étaient prohibés d'une manière absolue, sont ajoutés à la nomenclature de la mercerie commune. Toutefois, pour l'exécution des traités conclus avec l'Angleterre et avec la Belgique, les moules à balles, les tire-balles et les balles acquitteront les droits déterminés par les tarifs conventionnels pour les ouvrages en métaux, suivant l'espèce. Les bois de fusils ou de pistolets, pour armes de guerre, suivent pour l'application du tarif, à l'entrée comme à la sortie, le régime des bois de fusils ou de pistolets, selon l'espèce. (*Circ. n° 818.*)

593—2060. 2e §. *Ajouter :* et Circ. du 29 mai 1861, n° 763.

594—2061. Toute importation d'armes de guerre et de canons ou d'au-

---

(1) Ce § ne s'applique pas aux armes de chasse destinées au commerce avec la côte d'Afrique ; elles sont traitées comme armes de commerce. (*Circ. n° 763.*)

tres pièces d'armes de guerre est interdite, à moins qu'elle ne soit autorisée par le ministre de la guerre. (*Loi du 14 juillet 1860, art. 7.*)

Le service des douanes ne doit laisser s'effectuer les opérations qu'autant qu'il en a reçu l'ordre de l'administration, à qui il est donné avis, par le département de la guerre, des permis délivrés. (*Circ.* n° 763.)

Sont ouverts à l'importation, et au transit des armes et des pièces d'armes de toute nature (de commerce ou de guerre), les bureaux de douane de Lille, Valenciennes, Jeumont, Strasbourg, Saint-Louis, Saint-Jean-de-Maurienne, Marseille, Perpignan, Bayonne, Bordeaux, Nantes, Rouen, le Havre, Boulogne, Paris et Lyon. (*Décret du 20 avril 1861, art. 1er; Circ.* n° 763.) Thionville. (*Décret du 30 octobre 1861; Circ.* n° 809.)

595. Peuvent seuls recevoir les armes ou les pièces d'armes de *guerre* de provenance étrangère, les entrepôts de douane de Strasbourg, Marseille, Bordeaux, Nantes, le Havre, Rouen, Boulogne, Paris et Lyon. (*Décret du 20 avril 1861, art. 2.*)

596. Les armes ou les pièces d'armes autres que de guerre, qui ont été reconnues comme telles à l'entrée par un bureau où il existe un contrôleur d'armes, peuvent être dirigées, sous les formalités ordinaires, sur tous les entrepôts ou sur tous les bureaux ouverts au transit, pour être livrées à la consommation après acquittement des droits, ou réexportées librement. (*Circ.* n° 763.)

597—2064. 2e §. *Ajouter :* et Circ. du 29 mai 1861, n° 763.

598—2065. Les armes ou les pièces d'armes de guerre ne peuvent transiter, ni être expédiées en mutation d'entrepôt ou en réexportation, sans un permis du ministre de la guerre (1). *V.* n° 604 S.

Pour les bureaux ouverts au transit, *V.* n° 594 S ; les entrepôts, n° 595 S.

Si l'exportation est interdite pour une destination, les permis de transit délivrés pour cette destination antérieurement au décret qui prononce l'interdiction sont annulés de droit. (*Loi du 14 juillet 1860, art. 10.*)

599—2066. Le cabotage des armes peut s'effectuer par tous les ports où il existe un bureau de douane. (*Circ.* n° 763.) *V.* n° 604 S.

---

(1) Mais ce permis n'est pas obligatoire pour les armes destinées à l'armement des navires, lorsque l'embarquement en est autorisé par l'administration de la marine, *V.* n° 1033. (*Déc. min. du 31 janvier 1862 ; Circ. lith. du 13 février suivant.*)

600—2068. *Rayer.* L'exportation des armes ou des pièces d'armes de guerre est libre, sous les conditions déterminées par la loi ou par les règlements d'administration publique.

Néanmoins, un décret impérial peut interdire cette exportation par une frontière, pour une destination et pour une durée déterminées.

Quand l'exportation est interdite pour certaines destinations, les exportateurs doivent, sous les peines portées par l'article 4 du titre III de la loi du 22 août 1791, justifier de l'arrivée des armes à une destination permise, au moyen d'acquits-à-caution qui sont délivrés, au départ, par les soins de l'administration des douanes, et qui sont déchargés, à l'arrivée, par les agents consulaires de France (1). (*Loi du 14 juillet 1860, art. 9.*)

Pour les bureaux ouverts à l'exportation, *V.* n° 594 S.

Le ministre de la guerre place dans chacun de ces bureaux, sous les ordres du chef local du service sédentaire des douanes, (inspecteur, sous-inspecteurs ou receveur principal,) un contrôleur d'armes, qui procède, conjointement avec les agents des douanes, à la vérification et au classement des armes ou des pièces d'armes (2). (*Décret du 6 mars 1861, art. 14.*)

601. Pour les armes *à feu* de guerre d'origine française présentées à

---

(1) Ou sur la production d'un certificat de la douane étrangère du pays de destination, constatant que les armes ont été conduites à cette destination. (*Circ.* n° 763.)

(2) Les contrôleurs d'armes, qui, pour l'exercice de leur mission, ont à prêter serment devant le tribunal civil, doivent se tenir constamment à la disposition du chef de la visite pendant la durée des heures d'ouverture des bureaux ; ils sont chargés de procéder conjointement avec les vérificateurs, et chacun pour ce qui les concerne, à la vérification et au classement des armes ou des pièces d'armes, à la reconnaissance des *marques de fabrique*, des *poinçons d'épreuve et d'exportation*. Ils doivent dresser acte de chacune de leurs opérations sur un registre ouvert à cet effet, coté et parafé par le juge de paix, et qui reste déposé au bureau de visite des douanes.

Les chefs locaux et les directeurs des douanes ont à apprécier dans leurs rapports généraux de service le concours de ces agents spéciaux, ainsi que leur conduite administrative et privée. Pour répondre au désir de S. Exc. le ministre de la guerre, dont ils relèvent ; il est en outre fourni à l'administration (première division, premier bureau), pour chacun d'eux, deux fois par an, au 1er juillet et au 1er janvier, en trois expéditions, des feuilles signalétiques rédigées dans la forme de celles relatives aux agents des douanes. Si, contre toute prévision, l'un ou l'autre des contrôleurs d'armes venait à se donner, soit dans sa conduite, soit dans son service, des torts d'une nature grave, il devrait en être rendu compte à l'administration par correspondance spéciale, afin de prendre, ou de provoquer au besoin auprès du département de la guerre, telle mesure qu'il conviendrait.

C'est également par l'entremise de l'administration que les demandes de congé ou d'avancement formées par ces agents doivent, après avoir été revêtues de l'avis des chefs, parvenir au ministère de la guerre. (*Circ.* n° 763) l'exportation, il y a lieu de distinguer suivant qu'elles proviennent des fabriques particulières ou des magasins de l'État. Dans le premier cas, elles peuvent sortir librement toutes les fois qu'elles seront revêtues : 1° du poinçon d'exportation, 2° de la marque d'épreuve, 3° de la marque de fabrique ; dans le second cas, l'exportation ne souffrira également aucune difficulté lorsqu'on justifiera d'une autorisation du ministre de la guerre pour leur faire franchir la frontière. Les armes à feux traites des magasins de l'État ne portent pas les poinçons d'exportation ; mais elles sont revêtues du nom de la manufacture et de la marque particulière d'épreuve. Les armes blanches de guerre peuvent ainsi provenir soit des fabriques particulières, soit des magasins de l'État. Ni les unes ni les autres ne portent le poinçon d'exportation ou la marque d'épreuve ; mais celles qui sont livrées par les fabriques particulières doivent être revêtues de la marque de la fabrique, et celles qui sont prises dans les magasins de l'État portent, gravé sur la lame, le nom de la manufacture d'où elles sortent et sont accompagnées d'un permis du département de la guerre. (*Circ. du 29 mai 1861, n° 763.*)

602. Dans le cas où des doutes viendraient à se produire de la part du service et des contrôleurs d'armes, sur l'espèce, la classe, l'origine, la marque ou tout autre caractère des armes ou des pièces d'armes, il en serait référé au ministre de la guerre, et il lui serait transmis, sous le double cachet de la douane et des intéressés, des échantillons de ces armes ou pièces d'armes que l'on retiendrait jusqu'à sa décision, sans que les intéressés puissent prétendre à aucune indemnité. (*Décret du 6 mars 1861, art. 15.*) Si les intérêts du Trésor ou de la répression, au point de vue de la législation des douanes, se trouvaient engagés, il serait rédigé un acte conservatoire.

Lorsqu'il y aura lieu ainsi à la frontière de procéder au prélèvement d'échantillons, ces échantillons seront adressés directement au département de la guerre, *direction de l'Artillerie, rue Saint-Dominique, n°* 86. Mais il sera rendu compte des faits par l'entremise des directeurs, première division, premier bureau, dans le plus bref délai, et l'administration se chargera de soumettre la question à décider au département de la guerre. Les colis renfermant les échantillons seront revêtus d'un numéro, du nom du bureau où ils ont été prélevés et de la date du prélèvement, et ces indications seront reproduites soigneusement dans le rapport qui me sera adressé. C'est par l'entremise de l'administration que la décision du département de la guerre sera notifiée au bureau où la contestation se sera produite.

Les frais de transport des échantillons seront réglés suivant ce qui se pratique à l'égard des échantillons transmis à l'administration pour être soumis à l'expertise légale. (*Circ.* n° 763.)

603. Dans les bureaux où sont établis des contrôleurs d'armes, les agents des douanes signeront avec eux les procès-verbaux qu'ils seraient dans le cas d'avoir à rédiger pour constater, soit la non-apposition de marques de fabrique, soit l'absence de poinçonnage ou de marque d'exportation, soit la contrefaçon du poinçon d'épreuve ou du poinçon d'exportation et l'usage frauduleux des poinçons contrefaits, soit, enfin, toute autre infraction. Ces procès-verbaux, qui seront rédigés *au nom de la loi* sans autre préambule, seront remis immédiatement avec le corps du délit, s'il y a lieu, au ministère public, et il sera référé de ces constatations sous le timbre du contentieux à l'administration, en lui adressant une double copie des procès-verbaux, dont l'une sera transmise par ses soins au département de la guerre.

Il demeure entendu que les contraventions pour fausses déclarations dans la nature, l'espèce ou la quantité des armes présentées à l'entrée ou à la sortie, ou pour infraction aux autres prescriptions des lois en matière d'armes, seront constatées et poursuivies dans les formes ordinaires. Les contrôleurs d'armes devront figurer dans les procès-verbaux se rattachant aux constatations de douane auxquelles ils sont appelés à prendre part. (*Circ.* n° 763.)

604. Les armes ou pièces d'armes de guerre ne peuvent sortir des établissements autorisés ni circuler sur le territoire de l'Empire, sans que, au préalable, la déclaration en ait été faite, par écrit, au préfet du département ou au préfet de police, pour le ressort de sa préfecture, huit jours avant le départ des armes ou des pièces d'armes. Le préfet peut réduire ce délai.

La déclaration d'expédition énonce le nombre, l'espèce et le poids des armes ou des pièces d'armes de guerre, l'itinéraire qu'elles doivent suivre, le délai dans lequel elles doivent être rendues à destination, enfin le bureau de douane par lequel elles seront exportées, si elles sont destinées à l'exportation immédiate.

Le préfet délivre un récépissé, sur lequel sont reproduites les énonciations de la déclaration. Il peut, dans l'intérêt de la sûreté publique, modifier l'itinéraire déclaré.

Le récépissé accompagne les armes ou les pièces d'armes de guerre jusqu'à la destination déclarée. Les conducteurs ou agents des transports sont tenus de le produire à toute réquisition de l'autorité civile ou militaire, et de le déposer à la mairie du lieu de destination, dans les vingt-quatre heures de l'arrivée de l'expédition.

Les dispositions qui précèdent sont applicables aux expéditions par cabotage d'armes ou de pièces d'armes de guerre. (*Décret du 6 mars 1861, art. 18.*)

Le service des douanes se fait produire les récépissés des préfets, soit au départ, soit à l'arrivée, en ayant soin de les laisser aux mains des conducteurs ou expéditeurs. Si les délais de transport déterminés étaient périmés, on devrait, avant de recevoir les déclarations, exiger que les récépissés fussent présentés au préfet du département où se trouve la douane frontière et revêtus par ce fonctionnaire d'une autorisation de passer outre. (*Circ.* n° 763.)

605. Les directeurs et, en cas d'urgence, les chefs locaux des douanes, auront à obtempérer à toutes réquisitions de l'autorité militaire, soit qu'il s'agisse de recevoir dans les entrepôts de douane, même ceux qui ne sont pas désignés au n° 595 S., des armes ou pièces d'armes de guerre existant entre les mains des fabricants ou des commerçants, soit, au contraire, qu'il s'agisse de faire transférer dans les locaux, citadelles, forts ou forteresses appartenant au département de la guerre, des armes existant dans les entrepôts de douanes. Dans ce dernier cas, le transport des armes ou des pièces d'armes de guerre de l'entrepôt sur les citadelles désignées par l'autorité militaire a lieu sous la garantie du plombage et d'un acquit-à-caution descriptif. Les armes demeurent sous les liens de l'acquit-à-caution pendant toute la durée du dépôt. La même expédition, qui sera libellée en conséquence, sert à assurer la réintégration ultérieure dans l'entrepôt des douanes. Pour la garantie et la régularité du retour à l'entrepôt, les colis dont les plombs de douane auraient été coupés, soit à l'arrivée, soit pendant le séjour dans les bâtiments de la guerre, seront scellés du cachet officiel du commandant militaire.

Lorsque les bâtiments de la guerre sont situés dans la même localité que l'entrepôt, les dispositions qui précèdent cessent d'être obligatoires. Les armes sont conduites sous escorte dans le lieu de dépôt, d'où elles ne peuvent sortir que sur la présentation d'un permis de douane et pareillement sous escorte. (*Circ.* n° 763.)

606. L'importation, dans le cas où elle est autorisée ou ordonnée par le ministre de la guerre, l'exportation et le transit, ainsi que la circulation et le dépôt des armes ou des pièces d'armes de guerre, dans le rayon des frontières, restent soumis aux dispositions législatives ou réglementaires sur les douanes. (*Loi du 14 juillet 1860, art. 11.*)

607—2071. *Librairie.* Les ouvrages ou écrits défendus ou prohibés, lorsqu'ils ont été découverts et saisis à la frontière, doivent, dans tous les cas, être mis, ainsi que l'importateur, et avec le procès-verbal, à la disposition du commissaire de police.

Si, au contraire, les écrits de l'espèce ont été régulièrement présentés et déclarés pour l'importation ou le transit, on se conforme aux dispositions rappelées au nᵒ 2072. (*Circ. lith. du 6 décembre 1861.*)

608—2073. La librairie de tous les pays qui ont contracté avec la France des traités ayant pour objet d'assurer la propriété des œuvres d'esprit et d'art, est affranchie de toute justification d'origine pour l'admission au bénéfice des tarifs conventionnels. (*Déc. min. du 17 août 1861 ; Circ. du 30, nᵒ 787.*)

609—2077. 1ᵉʳ §, note 2, 1ᵉʳ §. *Ajouter :* Pontarlier, station du chemin de fer *. (*Circ. nᵒ 755.*)

610—2086. Note 2. *Ajouter :* Saumur, Annecy. (*Circ. du 8 février 1862, nᵒ 825.*)

611—2151. Pour les cartes d'origine anglaise ou belge, *V.* nᵒ 564 S.

612—2173. 2ᵐᵉ §. *Franchise.* Sont assimilés à la correspondance de service, les certificats d'inscription de cautionnement, extraits d'ordonnances et pièces à l'appui. (*Déc. du min. des fin. du 30 juin 1860.*)

Contentieux.

613—2195. (*a*). La constatation, dans un procès-verbal non argué de faux et non contredit même par une offre de preuve contraire, qu'un individu est l'auteur d'une tentative d'importation de marchandises trouvées cachées près du lieu de son arrestation, suffit à motiver la condamnation de celui-ci, bien qu'il n'ait pas été rencontré porteur de ces marchandises. (*A. de la C. de Douai du 5 mars 1860 ; Doc. lith. de 1861, nᵒ 225.*)

614—2229. 4ᵉ §. L'action publique accordée par la loi à l'administration des douanes est limitée aux peines pécuniaires de la confiscation et de l'amende, et ne peut être étendue à la peine corporelle de l'emprisonnement, qui reste exclusivement dans le domaine du ministère public. (*A. de C. du 27 novembre 1858 ; Déc. lith. de 1861, nᵒ 220.*)

615—2253. L'appel que le ministère public a le droit d'interjeter doit être notifié au prévenu ; l'accomplissement de cette formalité essentielle ne peut être implicite ; il ne peut résulter notamment des réquisitions prises à l'audience pour l'application de la peine refusée par les premiers juges. (*A de C. du 27 novembre 1858 ; Doc. lith. de 1861, n° 220.*)

616—2247. 3° §. La preuve de non-contravention ne peut résulter d'une simple allégation du prévenu ; il est défendu aux juges d'y suppléer par leur propre appréciation. (*A. de la C. de Colmar du 31 août 1858 ; Doc. lith. de 1861, n° 216.*)

617—2253. Le droit de poste dans l'instruction des affaires correctionnelles et criminelles doit être perçu distinctement suivant le tarif, autant de fois que l'affaire a parcouru de degrés de juridiction. (*Lettre de M. le Directeur général des Postes du 12 octobre 1858 ; Doc. lith. de 1861, n° 217.*)

618—2254. Note 2. *Rayer les 8 premières lignes.* L'entreprise générale des convois de prévenus étant supprimée, il a été pris par les ministères intéressés des mesures d'après lesquelles il doit y avoir dans chaque gîte d'étape un entrepreneur qui, sans marché et par tacite convention, est le transporteur privilégié auquel tous les services publics peuvent s'adresser dans le cas de transport à effectuer par voitures à colliers.

Les receveurs de douane doivent s'informer, aussi exactement que possible, du nom et de la demeure des transporteurs qui se trouveraient ainsi établis dans l'étendue de leur circonscription, et ce serait à ceux-ci qu'ils auraient à recourir, le cas échéant. A défaut, ils devraient eux-mêmes faire opérer pour le compte de l'administration, soit par voitures, soit par chemin de fer, le transport des prévenus arrêtés. (*Circ. du 30 août 1861, n° 789.*)

619—517. S, dernier §. *Ajouter :* et Doc. lith. de 1861, n° 222.

620—2276. T. Lorsque la transaction, passée avant toute exécution judiciaire, contient acquiescement à la confiscation de marchandises prononcée par jugement, il n'est pas nécessaire ni de la faire enregistrer, ni de produire un extrait de ce jugement. (*Déc. du 5 janvier 1861.*) V. n° 2275.

621—2280. Le préposé est dans l'exercice de ses fonctions tant qu'il n'est pas rentré chez lui et qu'il n'a pas diverti à d'autres actes que ceux du service qui lui a été commandé ; l'opposition ou les violences qu'il éprouve dans ses fonctions tombe, en conséquence, sous l'application de la loi commune. *(Jug. correct. de Mulhouse du 5 octobre 1859 ; Doc. lith. de 1861, n° 224.)*

622—521. S, 2me §. *Ajouter* : et jugement du tribunal de paix de Bordeaux du 4 octobre 1859; Doc. lith. de 1861, n° 223.

La caution d'un redevable n'est pas admissible à répétition contre la douane, parce que celle-ci n'aurait pris sur les biens du principal accusé, qu'après la délivrance de la contrainte, une inscription hypothécaire qui n'est pas arrivée en temps utile. *(Jug. du tribunal de paix de Bordeaux du 4 octobre 1859; Doc. lith. de 1861, n° 223.)*

FIN DU QUATRIÈME SUPPLÉMENT.